Kruidig India

Een Culinaire Verkenning

Sanjay Patel

Inhoud

Kip zonder olie 17
    Ingrediënten 17
    Methode 17
Curry Kozi Varatha 18
    Ingrediënten 18
    Methode 18
Kippenhutspot 20
    Ingrediënten 20
    Methode 21
Himani-kip 22
    Ingrediënten 22
    Voor de augurk: 22
    Methode 23
Witte kip 24
    Ingrediënten 24
    Methode 25
Kip in rode masala 26
    Ingrediënten 26
    Methode 27
Kip Jhalfrezie 28
    Ingrediënten 28
    Methode 29
Simpele kipcurry 30

Ingrediënten 30

Methode 31

Zoetzure kipcurry 32

Ingrediënten 32

Methode 33

Droge Kip Anjeer 34

Ingrediënten 34

Voor de augurk: 34

Methode 35

Kip yoghurt 36

Ingrediënten 36

Methode 37

Pittige gebakken kip 38

Ingrediënten 38

Methode 39

Kip super 40

Ingrediënten 40

Methode 41

Kip Vindaloo 42

Ingrediënten 42

Methode 43

Gekarameliseerde kip 44

Ingrediënten 44

Methode 45

Cashew kip 46

Ingrediënten 46

Methode 47

Snelle kip 48
    Ingrediënten 48
    Methode 49
Coorgi Kip Curry 50
    Ingrediënten 50
    Methode 51
Gebraden kip 52
    Ingrediënten 52
    Methode 53
Spinazie Kip 54
    Ingrediënten 54
    Methode 55
Indiase kip 56
    Ingrediënten 56
    Voor de kruidenmix: 56
    Methode 57
Corey Gassi 58
    Ingrediënten 58
    Methode 59
Kip Ghezado 60
    Ingrediënten 60
    Methode 61
Kip in tomatensaus 62
    Ingrediënten 62
    Methode 63
Sjahenshah Murgh 64
    Ingrediënten 64

Methode 65
Kip doe Pyaaza 66
    Ingrediënten 66
    Methode 67
Bengaalse kip 68
    Ingrediënten 68
    Methode 68
Lasooni Murgh 69
    Ingrediënten 69
    Methode 70
Kip koffie 71
    Ingrediënten 71
    Voor de augurk: 71
    Methode 72
Kip met abrikozen 73
    Ingrediënten 73
    Methode 74
Gegrilde kip 75
    Ingrediënten 75
    Methode 76
Gebraden eend met peper 77
    Ingrediënten 77
    Methode 78
Kip Bhuna 79
    Ingrediënten 79
    Methode 80
Ei-kip-curry 81

- Ingrediënten 81
- Methode 82

Pittige gebakken kip 83
- Ingrediënten 83
- Voor de augurk: 83
- Methode 84

Goan Kombdi 85
- Ingrediënten 85
- Methode 86

zuidelijke kipcurry 87
- Ingrediënten 87
- Methode 88

Kip Nizami 89
- Ingrediënten 89
- Voor de kruidenmix: 89
- Methode 90

eend buffet 91
- Ingrediënten 91
- Methode 91

Adraki Murgh 93
- Ingrediënten 93
- Methode 93

Bharva Murgh 94
- Ingrediënten 94
- Methode 95

Malaidar Murgh 96
- Ingrediënten 96

Methode 97
Bombay-kipcurry 98
    Ingrediënten 98
    Methode 99
Kip Durbari 100
    Ingrediënten 100
    Methode 101
Gebraden eend 102
    Ingrediënten 102
    Methode 102
Koriander en knoflookkip 103
    Ingrediënten 103
    Methode 104
Eend Masala 105
    Ingrediënten 105
    Methode 106
Kip met mosterd 107
    Ingrediënten 107
    Methode 108
Murgh Lassanwallah 109
    Ingrediënten 109
    Methode 110
Peper Kip Chettinad 111
    Ingrediënten 111
    Methode 112
Gehakte kip met ei 113
    Ingrediënten 113

Methode 114
Droge kip 115
    Ingrediënten 115
    Voor de augurk: 115
    Methode 116
Viskebab 116
    Ingrediënten 116
    Voor de vulling: 117
    Methode 117
Viskoteletten 119
    Ingrediënten 119
    Methode 120
Soocha vis 122
    Ingrediënten 122
    Methode 123
Mahya Kalia 124
    Ingrediënten 124
    Methode 125
Garnalencurry Rosachi 126
    Ingrediënten 126
    Methode 127
Vis met dadels en amandelen 128
    Ingrediënten 128
    Methode 128
Tandoori-vis 130
    Ingrediënten 130
    Methode 130

Vis met groenten 131
    Ingrediënten 131
    Methode 132
Tandoor Gulnar 134
    Ingrediënten 134
    Voor de eerste marinade: 134
    Voor de tweede marinade: 134
Garnalen met groene masala 135
    Ingrediënten 135
    Methode 136
Vis kotelet 137
    Ingrediënten 137
    Methode 138
Parsi Fish Sas 139
    Ingrediënten 139
    Methode 140
Peshawari Machhi 141
    Ingrediënten 141
    Methode 141
krab-curry 143
    Ingrediënten 143
    Methode 144
mosterd vis 145
    Ingrediënten 145
    Methode 145
Meen Vattichathu 146
    Ingrediënten 146

Methode	147
Doi Maach	148
Ingrediënten	148
Voor de augurk:	148
Methode	149
Gefrituurde vis	150
Ingrediënten	150
Methode	150
Machher-kotelet	151
Ingrediënten	151
Methode	151
Goan zwaardvis	153
Ingrediënten	153
Methode	154
Gedroogde vismasala	155
Ingrediënten	155
Methode	155
Madras-garnalencurry	156
Ingrediënten	156
Methode	156
Vis met fenegriek	157
Ingrediënten	157
Methode	158
Karimeen Porichathu	159
Ingrediënten	159
Methode	160
Reuze adelaars	161

Ingrediënten 161

Methode 162

Gemarineerde vis 163

Ingrediënten 163

Methode 163

Viskom curry 165

Ingrediënten 165

Methode 166

Amritsari-vis 167

Ingrediënten 167

Methode 167

masala gebakken garnalen 168

Ingrediënten 168

Methode 169

Vis gegarneerd met lekker 170

Ingrediënten 170

Methode 171

Pasanda garnalen 172

Ingrediënten 172

Methode 173

Zwaardvis rechaido 174

Ingrediënten 174

Methode 175

Teekha Jhinga 176

Ingrediënten 176

Methode 177

Garnalen Balchow 178

Ingrediënten 178

Methode 179

Bhujna-garnalen 180

Ingrediënten 180

Methode 181

Chingdi Macher Malai 182

Ingrediënten 182

Methode 183

Sorse Bata-vis 184

Ingrediënten 184

Methode 184

Vissen stoofpot 185

Ingrediënten 185

Methode 186

Jhinga Nissa 187

Ingrediënten 187

Methode 188

Inktvis Vindaloo 189

Ingrediënten 189

Methode 190

Kreeft Balchow 191

Ingrediënten 191

Methode 192

Aubergine garnalen 193

Ingrediënten 193

Methode 194

Groene garnalen 195

Ingrediënten 195
Methode 195
Vis met koriander 196
Ingrediënten 196
Methode 196
Maleisische vis 197
Ingrediënten 197
Voor de kruidenmix: 197
Methode 198
Konkani viscurry 199
Ingrediënten 199
Methode 199
Pittige knoflookgarnalen 200
Ingrediënten 200
Methode 201
eenvoudige viscurry 202
Ingrediënten 202
Methode 202
Goan viscurry 203
Ingrediënten 203
Methode 204
Garnalen Vindaloo 205
Voor 4 personen 205
Ingrediënten 205
Methode 206
Vis in groene masala 207
Ingrediënten 207

Methode	208
Mosselen Masala	209
Ingrediënten	209
Methode	210
Vis Tikka	211
Ingrediënten	211
Methode	212
Aubergine gevuld met garnalen	213
Ingrediënten	213
Methode	214
Garnalen van knoflook en kaneel	215
Ingrediënten	215
Methode	215
Gestoomde tong met mosterd	216
Ingrediënten	216
Methode	216

Kip zonder olie

Voor 4 personen

Ingrediënten

Yoghurt 400 g/14 oz

1 theelepel chilipoeder

1 theelepel gemberpasta

1 theelepel knoflookpasta

2 groene pepers, fijngehakt

50 g gemalen korianderblaadjes

1 theelepel garam masala

Zout naar smaak

750 g kip zonder bot, in 8 stukken gesneden

Methode

- Meng alle ingrediënten behalve de kip. Marineer de kip een nacht met dit mengsel.

- Kook de gemarineerde kip in een pan op middelhoog vuur gedurende 40 minuten, onder regelmatig roeren. Serveer warm.

Curry Kozi Varatha

(Kipcurry Kairali uit Kerala)

Voor 4 personen

Ingrediënten

60 ml geraffineerde plantaardige olie

7,5 cm gemberwortel, fijngehakt

15 teentjes knoflook, fijngehakt

8 sjalotten, gesneden

3 groene pepers, in de lengte gesneden

1 kg kip, in 12 stukken gesneden

theelepel kurkuma

Zout naar smaak

2 eetlepels gemalen koriander

1 eetlepel garam masala

½ theelepel komijnzaad

750 ml/1¼ pint kokosmelk

5-6 curryblaadjes

Methode

- Verhit de olie in een pan. Voeg gember en knoflook toe. Bak op middelhoog vuur gedurende 30 seconden.

- Voeg de sjalotten en groene peper toe. Bak gedurende één minuut.

- Voeg kip, kurkuma, zout, gemalen koriander, garam masala en komijn toe. Goed mengen. Dek af met een deksel en kook op laag vuur gedurende 20 minuten. Voeg de kokosmelk toe. Laat 20 minuten sudderen.

- Garneer met curryblaadjes en serveer warm.

Kippenhutspot

Voor 4 personen

Ingrediënten

1 eetlepel geraffineerde plantaardige olie

2 kruidnagels

2,5 cm kaneel

6 zwarte peperkorrels

3 laurierblaadjes

2 grote uien in 8 stukken gesneden

1 theelepel gemberpasta

1 theelepel knoflookpasta

8 kippendijen

200 g bevroren gemengde groenten

250 ml water

Zout naar smaak

2 theelepels gewone witte bloem, opgelost in 360 ml melk

Methode

- Verhit de olie in een pan. Voeg kruidnagel, kaneel, peperkorrels en laurierblaadjes toe. Laat ze 30 seconden spugen.

- Voeg ui, gemberpasta en knoflookpasta toe. Bak gedurende 2 minuten.

- Voeg de rest van de ingrediënten toe, behalve het bloemmengsel. Dek af met een deksel en laat het 30 minuten sudderen. Voeg het bloemmengsel toe. Goed mengen.

- Laat 10 minuten sudderen, vaak roerend. Serveer warm.

Himani-kip

(Kip met kardemom)

Voor 4 personen

Ingrediënten

1 kg kip, in 10 stukken gesneden

3 eetlepels geraffineerde plantaardige olie

¼ theelepel gemalen groene kardemom

Zout naar smaak

Voor de augurk:

1 theelepel gemberpasta

1 theelepel knoflookpasta

200 g yoghurt

2 eetlepels muntblaadjes, gemalen

Methode
- Meng alle ingrediënten voor de marinade door elkaar. Marineer de kip met dit mengsel gedurende 4 uur.

- Verhit de olie in een pan. Voeg de gemarineerde kip toe en bak op laag vuur gedurende 10 minuten. Voeg kardemom en zout toe. Meng goed en kook gedurende 30 minuten, terwijl u regelmatig roert. Serveer warm.

Witte kip

Voor 4 personen

Ingrediënten

750 g kip zonder bot, fijngehakt

1 theelepel gemberpasta

1 theelepel knoflookpasta

1 eetlepel ghee

2 kruidnagels

2,5 cm kaneel

8 zwarte peperkorrels

2 laurierblaadjes

Zout naar smaak

250 ml water

30 g cashewnoten, gemalen

10-12 amandelen, gemalen

1 eetlepel vloeibare room

Methode

- Marineer de kip met gemberpasta en knoflookpasta gedurende 30 minuten.

- Verhit ghee in een pan. Voeg kruidnagel, kaneel, peperkorrels, laurierblaadjes en zout toe. Laat ze 15 seconden spugen.

- Voeg gemarineerde kip en water toe. Laat 30 minuten sudderen. Voeg cashewnoten, amandelen en room toe. Kook gedurende 5 minuten en serveer warm.

Kip in rode masala

Voor 4 personen

Ingrediënten

3 eetlepels geraffineerde plantaardige olie

2 grote uien, in dunne plakjes gesneden

1 eetlepel maanzaad

5 gedroogde rode paprika's

50 g verse kokosnoot, geraspt

2,5 cm kaneel

2 theelepels tamarindepasta

6 teentjes knoflook

500 g kip, fijngehakt

2 tomaten, in dunne plakjes gesneden

1 eetlepel gemalen koriander

1 theelepel gemalen komijn

500 ml water

Zout naar smaak

Methode

- Verhit de olie in een pan. Fruit de ui op middelhoog vuur tot hij bruin is. Voeg maanzaad, chili, kokosnoot en kaneel toe. Kook gedurende 3 minuten.

- Voeg tamarindepasta en knoflook toe. Meng goed en maal tot een pasta.

- Meng deze pasta met alle overige ingrediënten. Kook het mengsel in een pan op laag vuur gedurende 40 minuten. Serveer warm.

Kip Jhalfrezie

(Kip in dikke tomatensaus)

Voor 4 personen

Ingrediënten

3 eetlepels geraffineerde plantaardige olie

3 grote uien, fijngehakt

2,5 cm gemberwortel, in dunne plakjes gesneden

1 theelepel knoflookpasta

1 kg kip, in 8 stukken gesneden

½ theelepel kurkuma

3 theelepels gemalen koriander

1 theelepel gemalen komijn

4 tomaten, geblancheerd en gepureerd

Zout naar smaak

Methode

- Verhit de olie in een pan. Voeg ui, gember en knoflookpasta toe. Bak op middelhoog vuur tot de ui goudbruin is.

- Voeg kip, kurkuma, gemalen koriander en gemalen komijn toe. Bak gedurende 5 minuten.

- Tomatenpuree en zout toevoegen. Meng goed en kook op laag vuur gedurende 40 minuten, af en toe roerend. Serveer warm.

Simpele kipcurry

Voor 4 personen

Ingrediënten

2 eetlepels geraffineerde plantaardige olie

2 grote uien, in plakjes gesneden

½ theelepel kurkuma

1 theelepel gemberpasta

1 theelepel knoflookpasta

6 groene pepers, in plakjes gesneden

750 g kip, in 8 stukken gesneden

Yoghurt 125 g/4½ oz

125 g khoya*

Zout naar smaak

50 g fijngehakte korianderblaadjes

Methode

- Verhit de olie in een pan. Voeg de uien toe. Bak tot ze transparant worden.

- Voeg kurkuma, gemberpasta, knoflookpasta en groene pepers toe. Bak op middelhoog vuur gedurende 2 minuten. Voeg de kip toe en bak 5 minuten.

- Voeg yoghurt, khoya en zout toe. Goed mengen. Dek af met een deksel en kook op laag vuur gedurende 30 minuten, af en toe roerend.

- Garneer met korianderblaadjes. Serveer warm.

Zoetzure kipcurry

Voor 4 personen

Ingrediënten

1 kg kip, in 8 stukken gesneden

Zout naar smaak

½ theelepel kurkuma

4 eetlepels geraffineerde plantaardige olie

3 uien, fijngehakt

8 curryblaadjes

3 tomaten, fijngehakt

1 theelepel gemberpasta

1 theelepel knoflookpasta

1 eetlepel gemalen koriander

1 theelepel garam masala

1 eetlepel tamarindepasta

½ el gemalen zwarte peper

250 ml water

Methode

- Marineer de stukken kip met zout en kurkuma gedurende 30 minuten.

- Verhit de olie in een pan. Voeg uien en curryblaadjes toe. Bak op laag vuur tot de ui transparant is.

- Voeg alle overige ingrediënten en de gemarineerde kip toe. Meng goed, dek af met een deksel en laat 40 minuten sudderen. Serveer warm.

Droge Kip Anjeer

(droge kip met vijgen)

Voor 4 personen

Ingrediënten

750 g kip, in 12 stukken gesneden

4 eetlepels ghee

2 grote uien, fijngehakt

250 ml water

Zout naar smaak

Voor de augurk:

10 gedroogde vijgen, 1 uur geweekt

1 theelepel gemberpasta

1 theelepel knoflookpasta

200 g yoghurt

1½ theelepel garam masala

2 eetlepels vloeibare room

Methode

- Meng alle ingrediënten voor de marinade door elkaar. Marineer de kip een uur met dit mengsel.

- Verhit ghee in een pan. Fruit de ui op middelhoog vuur tot hij bruin is.

- Voeg gemarineerde kip, water en zout toe. Meng goed, dek af met een deksel en laat 40 minuten sudderen. Serveer warm.

Kip yoghurt

Voor 4 personen

Ingrediënten

30 g fijngehakte muntblaadjes

30 g gehakte korianderblaadjes

2 theelepels gemberpasta

2 theelepels knoflookpasta

Yoghurt 400 g/14 oz

200 g tomatenpuree

Sap van 1 citroen

1 kg kip, in 12 stukken gesneden

2 eetlepels geraffineerde plantaardige olie

4 grote uien, fijngehakt

Zout naar smaak

Methode

- Maal de muntblaadjes en korianderblaadjes tot een fijne pasta. Meng het met gemberpasta, knoflookpasta, yoghurt, tomatenpuree en citroensap. Marineer de kip met dit mengsel gedurende 3 uur.

- Verhit de olie in een pan. Fruit de ui op middelhoog vuur tot hij bruin is.

- Voeg de gemarineerde kip toe. Dek af met een deksel en laat 40 minuten sudderen, af en toe roeren. Serveer warm.

Pittige gebakken kip

Voor 4 personen

Ingrediënten

1 theelepel gemberpasta

2 theelepels knoflookpasta

2 groene pepers, fijngehakt

1 theelepel chilipoeder

1 theelepel garam masala

2 theelepels citroensap

½ theelepel kurkuma

Zout naar smaak

1 kg kip, in 8 stukken gesneden

Geraffineerde plantaardige olie om te frituren

Paneermeel, om te bedekken

Methode

- Meng gemberpasta, knoflookpasta, groene pepers, chilipoeder, garam masala, citroensap, kurkuma en zout door elkaar. Marineer de kip met dit mengsel gedurende 3 uur.

- Verhit de olie in een pan. Bedek elk stuk gemarineerde kip met paneermeel en bak op middelhoog vuur goudbruin.

- Laat uitlekken op keukenpapier en serveer warm.

Kip super

Voor 4 personen

Ingrediënten

1 theelepel gemberpasta

1 theelepel knoflookpasta

1 kg kip, in 8 stukken gesneden

200 g yoghurt

Zout naar smaak

250 ml water

2 eetlepels geraffineerde plantaardige olie

2 grote uien, in plakjes gesneden

4 rode paprika's

5 cm kaneel

2 zwarte kardemompeulen

4 kruidnagels

1 eetl chana dhal*, drooggebakken

Methode

- Meng gemberpasta en knoflookpasta door elkaar. Marineer de kip met dit mengsel gedurende 30 minuten. Voeg yoghurt, zout en water toe. Aan de kant zetten.

- Verhit de olie in een pan. Voeg ui, chili, kaneel, kardemom, kruidnagel en chana dhal toe. Bak 3-4 minuten op laag vuur.

- Maal tot een pasta en voeg toe aan het kippenmengsel. Goed mengen.

- Kook op laag vuur gedurende 30 minuten. Serveer warm.

Kip Vindaloo

(Goan Pittige Kip Curry)

Voor 4 personen

Ingrediënten

60 ml moutazijn

1 eetlepel komijnzaad

1 theelepel peperkorrels

6 rode paprika's

1 theelepel kurkuma

Zout naar smaak

4 eetlepels geraffineerde plantaardige olie

3 grote uien, fijngehakt

1 kg kip, in 8 stukken gesneden

Methode

- Maal de azijn met de komijn, peperkorrels, chilipeper, kurkuma en zout tot een gladde pasta. Aan de kant zetten.

- Verhit de olie in een pan. Voeg de ui toe en bak tot hij glazig is. Voeg azijn en komijnzaadpasta toe. Meng goed en kook gedurende 4-5 minuten.

- Voeg de kip toe en kook op laag vuur gedurende 30 minuten. Serveer warm.

Gekarameliseerde kip

Voor 4 personen

Ingrediënten

200 g yoghurt

1 theelepel gemberpasta

1 theelepel knoflookpasta

2 eetlepels gemalen koriander

1 theelepel gemalen komijn

1½ theelepel garam masala

Zout naar smaak

1 kg kip, in 8 stukken gesneden

3 eetlepels geraffineerde plantaardige olie

2 theelepels suiker

3 kruidnagels

2,5 cm kaneel

6 zwarte peperkorrels

Methode

- Combineer yoghurt, gemberpasta, knoflookpasta, gemalen koriander, gemalen komijn, garam masala en zout. Marineer de kip een nacht met dit mengsel.

- Verhit de olie in een pan. Voeg suiker, kruidnagel, kaneel en peperkorrels toe. Bak gedurende één minuut. Voeg de gemarineerde kip toe en kook op laag vuur gedurende 40 minuten. Serveer warm.

Cashew kip

Voor 4 personen

Ingrediënten

1 kg kip, in 12 stukken gesneden

Zout naar smaak

1 theelepel gemberpasta

1 theelepel knoflookpasta

4 eetlepels geraffineerde plantaardige olie

4 grote uien, in plakjes gesneden

15 cashewnoten, gemalen

6 rode pepers, 15 minuten geweekt

2 theelepels gemalen komijn

60 ml ketchup

500 ml water

Methode

- Marineer de kip met het zout en de gember- en knoflookpasta gedurende 1 uur.

- Verhit de olie in een pan. Fruit de ui op middelhoog vuur tot hij bruin is.

- Voeg cashewnoten, paprikapoeder, komijn en ketchup toe. Kook gedurende 5 minuten.

- Voeg kip en water toe. Laat 40 minuten sudderen en serveer warm.

Snelle kip

Voor 4 personen

Ingrediënten

4 eetlepels geraffineerde plantaardige olie

6 rode paprika's

6 zwarte peperkorrels

1 theelepel korianderzaad

1 theelepel komijnzaad

2,5 cm kaneel

4 kruidnagels

1 theelepel kurkuma

8 teentjes knoflook

1 theelepel tamarindepasta

4 middelgrote uien, in dunne plakjes gesneden

2 grote tomaten, fijngehakt

1 kg kip, in 12 stukken gesneden

250 ml water

Zout naar smaak

Methode

- Verhit een halve eetlepel olie in een pan. Voeg rode chilipeper, peperkorrels, korianderzaad, komijn, kaneel en kruidnagel toe. Bak ze op middelhoog vuur gedurende 2-3 minuten.
- Voeg kurkuma, knoflook en tamarindepasta toe. Maal het mengsel tot een gladde pasta. Aan de kant zetten.
- Verhit de resterende olie in een pan. Voeg de ui toe en bak op middelhoog vuur goudbruin. Voeg de tomaten toe en bak 3-4 minuten.
- Voeg de kip toe en bak 4-5 minuten.
- Voeg water en zout toe. Meng goed en dek af met een deksel. Laat 40 minuten sudderen, af en toe roeren.
- Serveer warm.

Coorgi Kip Curry

Voor 4 personen

Ingrediënten

1 kg kip, in 12 stukken gesneden

Zout naar smaak

1 theelepel kurkuma

50 g geraspte kokosnoot

3 eetlepels geraffineerde plantaardige olie

1 theelepel knoflookpasta

2 grote uien, in dunne plakjes gesneden

1 theelepel gemalen komijn

1 theelepel gemalen koriander

360 ml water

Methode

- Marineer de kip een uur met zout en kurkuma. Aan de kant zetten.
- Maal de kokosnoot met voldoende water tot een gladde pasta.
- Verhit de olie in een pan. Voeg de kokospasta met knoflookpasta, ui, gemalen komijn en koriander toe. Kook op laag vuur gedurende 4-5 minuten.
- Voeg de gemarineerde kip toe. Meng goed en kook gedurende 4-5 minuten. Voeg het water toe, dek af met een deksel en laat 40 minuten sudderen. Serveer warm.

Gebraden kip

Voor 4 personen

Ingrediënten

4 eetlepels geraffineerde plantaardige olie

1 theelepel gemberpasta

1 theelepel knoflookpasta

2 grote uien, fijngehakt

1 theelepel garam masala

1½ eetlepel cashewnoten, gemalen

1½ eetl meloenzaadjes*, bodem

1 theelepel gemalen koriander

500 g kip zonder bot

200 g tomatenpuree

2 kippenbouillonblokjes

250 ml water

Zout naar smaak

Methode

- Verhit de olie in een pan. Voeg gemberpasta, knoflookpasta, ui en garam masala toe. Bak 2-3 minuten op laag vuur. Voeg cashewnoten, meloenzaadjes en gemalen koriander toe. Bak gedurende 2 minuten.
- Voeg de kip toe en bak 5 minuten. Voeg tomatenpuree, bouillonblokjes, water en zout toe. Dek af en laat 40 minuten sudderen. Serveer warm.

Spinazie Kip

Voor 4 personen

Ingrediënten

3 eetlepels geraffineerde plantaardige olie

6 kruidnagels

5 cm kaneel

2 laurierblaadjes

2 grote uien, fijngehakt

12 teentjes knoflook, fijngehakt

400 g spinazie, grof gehakt

200 g yoghurt

250 ml water

750 g kip, in 8 stukken gesneden

Zout naar smaak

Methode

- Verhit 2 eetlepels olie in een pan. Voeg kruidnagel, kaneel en laurierblaadjes toe. Laat ze 15 seconden spugen.
- Voeg de ui toe en bak op middelhoog vuur tot hij glazig is.
- Voeg knoflook en spinazie toe. Goed mengen. Kook gedurende 5 tot 6 minuten. Koel af en maal met voldoende water tot een gladde pasta.
- Verhit de resterende olie in een pan. Voeg de spinaziepasta toe en kook 3-4 minuten. Voeg yoghurt en water toe. Kook gedurende 5 tot 6 minuten. Voeg kip en zout toe. Kook op laag vuur gedurende 40 minuten. Serveer warm.

Indiase kip

Voor 4 personen

Ingrediënten

4-5 eetlepels geraffineerde plantaardige olie

4 grote uien, fijngehakt

1 kg kip, in 10 stukken gesneden

Zout naar smaak

500 ml water

Voor de kruidenmix:

2,5 cm gemberwortel

10 teentjes knoflook

1 eetlepel garam masala

2 theelepel venkelzaad

1½ eetl korianderzaad

60 ml water

Methode

- Maal de ingrediënten voor het kruidenmengsel tot een gladde pasta. Aan de kant zetten.
- Verhit de olie in een pan. Fruit de ui op middelhoog vuur tot hij bruin is.
- Voeg kruidenmixpasta, kip en zout toe. Kook gedurende 5 tot 6 minuten. Voeg water toe. Dek af en kook gedurende 40 minuten. Serveer warm.

Corey Gassi

(Kip Mangalore met curry)

Voor 4 personen

Ingrediënten

4 eetlepels geraffineerde plantaardige olie

6 hele rode paprika's

1 theelepel zwarte peper

4 theelepel korianderzaad

2 theelepels komijnzaad

150 g verse kokosnoot, geraspt

8 teentjes knoflook

500 ml water

3 grote uien, fijngehakt

1 theelepel kurkuma

1 kg kip, in 8 stukken gesneden

2 theelepels tamarindepasta

Zout naar smaak

Methode

- Verhit 1 theelepel olie in een pan. Voeg rode chilipeper, peperkorrels, korianderzaad en komijn toe. Laat ze 15 seconden spugen.
- Maal dit mengsel tot een pasta met kokos, knoflook en de helft van het water.
- Verhit de resterende olie in een pan. Voeg ui, kurkuma en kokospulp toe. Bak op middelhoog vuur gedurende 5-6 minuten.
- Voeg de kip, tamarindepasta, zout en de rest van het water toe. Goed mengen. Dek af met een deksel en laat 40 minuten sudderen. Serveer warm.

Kip Ghezado

(Goan-kip)

Voor 4 personen

Ingrediënten

3 eetlepels geraffineerde plantaardige olie

2 grote uien, fijngehakt

1 theelepel gemberpasta

1 theelepel knoflookpasta

2 tomaten, fijngehakt

1 kg kip, in 8 stukken gesneden

1 eetlepel gemalen koriander

2 eetlepels garam masala

Zout naar smaak

250 ml water

Methode

- Verhit de olie in een pan. Voeg ui, gemberpasta en knoflookpasta toe. Bak gedurende 2 minuten. Voeg tomaten en kip toe. Bak gedurende 5 minuten.
- Voeg alle overige ingrediënten toe. Laat 40 minuten sudderen en serveer warm.

Kip in tomatensaus

Voor 4 personen

Ingrediënten

1 eetlepel ghee

2,5 cm gemberwortel, fijngehakt

10 teentjes knoflook, fijngehakt

2 grote uien, fijngehakt

4 rode paprika's

1 theelepel garam masala

1 theelepel kurkuma

800 g tomatenpuree

1 kg kip, in 8 stukken gesneden

Zout naar smaak

200 g yoghurt

Methode

- Verhit ghee in een pan. Voeg gember, knoflook, ui, rode paprika, garam masala en kurkuma toe. Bak op middelhoog vuur gedurende 3 minuten.
- Voeg de tomatenpuree toe en bak 4 minuten op laag vuur.
- Voeg kip, zout en yoghurt toe. Goed mengen.
- Dek af en laat 40 minuten sudderen, af en toe roeren. Serveer warm.

Sjahenshah Murgh

(Kip gekookt in een speciale saus)

Voor 4 personen

Ingrediënten

250 g pinda's, 4 uur geweekt

60 g rozijnen

4 groene pepers, in de lengte gesneden

1 eetlepel komijnzaad

4 eetlepels ghee

1 eetlepel gemalen kaneel

3 grote uien, fijngehakt

1 kg kip, in 12 stukken gesneden

Zout naar smaak

Methode

- Giet de pinda's af en maal ze met de rozijnen, groene pepers, komijn en voldoende water tot een gladde pasta. Aan de kant zetten.
- Verhit ghee in een pan. Voeg gemalen kaneel toe. Laat het 30 seconden spugen.
- Voeg de ui en gemalen pinda-rozijnenpasta toe. Bak 2-3 minuten.
- Voeg kip en zout toe. Goed mengen. Kook op laag vuur gedurende 40 minuten, af en toe roeren. Serveer warm.

Kip doe Pyaaza

(Kip met uien)

Voor 4 personen

Ingrediënten

4 eetlepels ghee plus extra om te bakken

4 kruidnagels

½ theelepel venkelzaad

1 theelepel gemalen koriander

1 theelepel gemalen zwarte peper

2,5 cm gemberwortel, fijngehakt

8 teentjes knoflook, fijngehakt

4 grote uien, in plakjes gesneden

1 kg kip, in 12 stukken gesneden

½ theelepel kurkuma

4 tomaten, fijngehakt

Zout naar smaak

Methode

- Verhit 4 eetlepels ghee in een pan. Voeg kruidnagel, venkelzaad, gemalen koriander en peper toe. Laat ze 15 seconden spugen.
- Voeg gember, knoflook en ui toe. Bak op middelhoog vuur gedurende 1-2 minuten.
- Voeg kip, kurkuma, tomaten en zout toe. Goed mengen. Kook op laag vuur gedurende 30 minuten, onder regelmatig roeren. Serveer warm.

Bengaalse kip

Voor 4 personen

Ingrediënten

300 g yoghurt

1 theelepel gemberpasta

1 theelepel knoflookpasta

3 grote uien, 1 geraspt en 2 fijngehakt

1 theelepel kurkuma

2 theelepels chilipoeder

Zout naar smaak

1 kg kip, in 12 stukken gesneden

4 eetlepels mosterdolie

500 ml water

Methode

- Meng yoghurt, gemberpasta, knoflookpasta, ui, kurkuma, chilipoeder en zout door elkaar. Marineer de kip met dit mengsel gedurende 30 minuten.
- Verhit de olie in een pan. Voeg de gesnipperde ui toe en bak tot hij bruin is.
- Voeg gemarineerde kip, water en zout toe. Goed mengen. Dek af met een deksel en laat 40 minuten sudderen. Serveer warm.

Lasooni Murgh

(Kip gekookt in knoflook)

Voor 4 personen

Ingrediënten

200 g yoghurt

2 eetlepels knoflookpasta

1 theelepel garam masala

2 eetlepels citroensap

1 theelepel gemalen zwarte peper

5 strengen saffraan

Zout naar smaak

750 g kip zonder bot, in 8 stukken gesneden

2 eetlepels geraffineerde plantaardige olie

60 ml dubbele room

Methode

- Combineer yoghurt, knoflookpasta, garam masala, citroensap, peper, saffraan, zout en kip. Zet het mengsel een nacht in de koelkast.
- Verhit de olie in een pan. Voeg het kippenmengsel toe, dek af met een deksel en kook op laag vuur gedurende 40 minuten, af en toe roerend.
- Voeg de room toe en roer een minuutje. Serveer warm.

Kip koffie

(Goan Kip in Koriandersaus)

Voor 4 personen

Ingrediënten

1 kg kip, in 8 stukken gesneden

5 eetlepels geraffineerde plantaardige olie

250 ml water

Zout naar smaak

4 citroenen, in vieren

Voor de augurk:

50 g gehakte korianderblaadjes

2,5 cm gemberwortel

10 teentjes knoflook

120 ml moutazijn

1 eetlepel garam masala

Methode

- Combineer alle ingrediënten voor de marinade en maal met voldoende water tot een gladde pasta. Marineer de kip een uur met dit mengsel.
- Verhit de olie in een pan. Voeg de gemarineerde kip toe en bak 5 minuten op middelhoog vuur. Voeg water en zout toe. Dek af met een deksel en laat 40 minuten sudderen, af en toe roeren. Serveer warm met citroenen.

Kip met abrikozen

Voor 4 personen

Ingrediënten

4 eetlepels geraffineerde plantaardige olie

3 grote uien, in dunne plakjes gesneden

1 theelepel gemberpasta

1 theelepel knoflookpasta

1 kg kip, in 8 stukken gesneden

1 theelepel chilipoeder

1 theelepel kurkuma

2 theelepels gemalen komijn

2 eetlepels suiker

300 g gedroogde abrikozen, 10 minuten geweekt

60 ml water

1 eetlepel moutazijn

Zout naar smaak

Methode

- Verhit de olie in een pan. Voeg ui, gemberpasta en knoflookpasta toe. Bak op middelhoog vuur tot de ui goudbruin is.
- Voeg kip, chilipoeder, kurkuma, gemalen komijn en suiker toe. Meng goed en kook gedurende 5-6 minuten.
- Voeg de resterende ingrediënten toe. Laat 40 minuten sudderen en serveer warm.

Gegrilde kip

Voor 4 personen

Ingrediënten

Zout naar smaak

1 eetlepel moutazijn

1 theelepel gemalen zwarte peper

1 theelepel gemberpasta

1 theelepel knoflookpasta

2 theelepels garam masala

1 kg kip, in 8 stukken gesneden

2 eetlepels ghee

2 grote uien, in plakjes gesneden

2 tomaten, fijngehakt

Methode

- Meng zout, azijn, peper, gemberpasta, knoflookpasta en garam masala door elkaar. Marineer de kip een uur met dit mengsel.
- Verhit ghee in een pan. Voeg de ui toe en bak op middelhoog vuur tot hij bruin is.
- Voeg tomaten en gemarineerde kip toe. Meng goed en kook gedurende 4-5 minuten.
- Haal van het vuur en grill het mengsel gedurende 40 minuten. Serveer warm.

Gebraden eend met peper

Voor 4 personen

Ingrediënten

2 eetlepels moutazijn

1½ theelepel gemberpasta

1 theelepel knoflookpasta

Zout naar smaak

1 theelepel gemalen zwarte peper

eend 1 kg/2¼lb

2 eetlepels boter

2 eetlepels geraffineerde plantaardige olie

3 grote uien, in dunne plakjes gesneden

4 tomaten, fijngehakt

1 theelepel suiker

500 ml water

Methode

- Meng azijn, gemberpasta, knoflookpasta, zout en peper. Prik de eend in met een vork en laat 1 uur met dit mengsel marineren.
- Verhit boter en olie samen in een pan. Voeg uien en tomaten toe. Bak op middelhoog vuur gedurende 3-4 minuten. Voeg eend, suiker en water toe. Meng goed en laat 45 minuten sudderen. Serveer warm.

Kip Bhuna

(Kip gekookt in yoghurt)

Voor 4 personen

Ingrediënten

4 eetlepels geraffineerde plantaardige olie

1 kg kip, in 12 stukken gesneden

1 theelepel gemberpasta

1 theelepel knoflookpasta

½ theelepel kurkuma

2 grote uien, fijngehakt

1½ theelepel garam masala

1 theelepel versgemalen zwarte peper

150 g yoghurt, opgeklopt

Zout naar smaak

Methode

- Verhit de olie in een pan. Voeg de kip toe en bak op middelhoog vuur gedurende 6-7 minuten. Giet af en zet opzij.
- Voeg aan dezelfde olie gemberpasta, knoflookpasta, kurkuma en ui toe. Kook op middelhoog vuur gedurende 2 minuten, onder regelmatig roeren.
- Voeg de gebakken kip en alle overige ingrediënten toe. Kook gedurende 40 minuten op laag vuur. Serveer warm.

Ei-kip-curry

Voor 4 personen

Ingrediënten

6 teentjes knoflook

2,5 cm gemberwortel

25 g geraspte verse kokosnoot

2 theelepel maanzaad

1 theelepel garam masala

1 theelepel komijnzaad

1 eetlepel korianderzaad

1 theelepel kurkuma

Zout naar smaak

4 eetlepels geraffineerde plantaardige olie

2 grote uien, fijngehakt

1 kg kip, in 8 stukken gesneden

4 eieren, hardgekookt en gehalveerd

Methode

- Maal knoflook, gember, kokosnoot, maanzaad, garam masala, komijn, korianderzaad, kurkuma en zout samen. Aan de kant zetten.
- Verhit de olie in een pan. Voeg ui en gemalen pasta toe. Bak op middelhoog vuur gedurende 3-4 minuten. Voeg de kip toe en meng goed om te coaten.
- Laat 40 minuten sudderen. Garneer met de eieren en serveer warm.

Pittige gebakken kip

Voor 4 personen

Ingrediënten

1 kg kip, in 8 stukken gesneden

8 fl oz/250 ml geraffineerde plantaardige olie

Voor de augurk:

1½ theelepel gemalen koriander

4 groene kardemompeulen

7,5 cm kaneel

½ theelepel venkelzaad

1 eetlepel garam masala

4-6 teentjes knoflook

2,5 cm gemberwortel

1 grote ui, geraspt

1 grote tomaat, gepureerd

Zout naar smaak

Methode

- Maal alle ingrediënten voor de marinade door elkaar. Marineer de kip met dit mengsel gedurende 30 minuten.
- Kook de gemarineerde kip in een pan op middelhoog vuur gedurende 30 minuten, af en toe roerend.
- Verhit de olie en bak de gekookte kip 5-6 minuten. Serveer warm.

Goan Kombdi

(Goan Kip Curry)

Voor 4 personen

Ingrediënten

1 kg kip, in 8 stukken gesneden

Zout naar smaak

½ theelepel kurkuma

6 rode paprika's

5 kruidnagels

5 cm kaneel

1 eetlepel korianderzaad

½ theelepel fenegriekzaden

½ theelepel mosterdzaad

4 eetlepels olie

1 eetlepel tamarindepasta

500 ml kokosmelk

Methode

- Marineer de kip met zout en kurkuma gedurende 1 uur. Aan de kant zetten.
- Vermaal de pepers, kruidnagel, kaneel, korianderzaad, fenegriekzaad en mosterdzaad met voldoende water tot een pasta.
- Verhit de olie in een pan. Bak het deeg gedurende 4 minuten. Voeg kip, tamarindepasta en kokosmelk toe. Laat 40 minuten sudderen en serveer warm.

zuidelijke kipcurry

Voor 4 personen

Ingrediënten

16 cashewnoten

6 rode paprika's

2 eetlepels korianderzaad

½ theelepel komijnzaad

1 eetlepel citroensap

5 eetlepels ghee

3 grote uien, fijngehakt

10 teentjes knoflook, fijngehakt

2,5 cm gemberwortel, fijngehakt

1 kg kip, in 12 stukken gesneden

1 theelepel kurkuma

Zout naar smaak

500 ml kokosmelk

Methode

- Maal de cashewnoten, pepers, korianderzaad, komijn en citroensap met voldoende water tot een gladde pasta. Aan de kant zetten.
- Verwarm de ghee. Voeg ui, knoflook en gember toe. Bak gedurende 2 minuten.
- Voeg kip, kurkuma, zout en cashewpasta toe. Bak gedurende 5 minuten. Voeg de kokosmelk toe en laat 40 minuten koken. Serveer warm.

Kip Nizami

(Kip bereid met saffraan en amandelen)

Voor 4 personen

Ingrediënten

4 eetlepels geraffineerde plantaardige olie

1 grote kip, in 8 stukken gesneden

Zout naar smaak

750 ml/1¼ pint melk

½ theelepel saffraan, geweekt in 2 theelepels melk

Voor de kruidenmix:

1 eetlepel gemberpasta

3 eetlepels maanzaad

5 rode paprika's

25 g gedroogde kokosnoot

20 amandelen

6 eetlepels melk

Methode

- Maal de ingrediënten voor het kruidenmengsel tot een gladde pasta.
- Verhit de olie in een pan. Bak het deeg op laag vuur gedurende 4 minuten.
- Voeg kip, zout en melk toe. Laat 40 minuten sudderen, terwijl u regelmatig roert. Voeg de saffraan toe en laat nog 5 minuten koken. Serveer warm.

eend buffet

(Eend gekookt met groenten)

Voor 4 personen

Ingrediënten

4 eetlepels ghee

3 grote uien, in vieren gesneden

750 g eend, in 8 stukken gesneden

3 grote aardappelen, in blokjes gesneden

50 g kool, gehakt

200 g diepvrieserwten

1 theelepel kurkuma

4 groene pepers, in de lengte gesneden

1 theelepel gemalen kaneel

1 theelepel gemalen kruidnagel

30 g fijngehakte muntblaadjes

Zout naar smaak

750 ml/1¼ pint water

1 eetlepel moutazijn

Methode

- Verhit ghee in een pan. Voeg de ui toe en bak op middelhoog vuur tot hij bruin is. Voeg de eend toe en bak 5 tot 6 minuten.
- Voeg de rest van de ingrediënten toe, behalve het water en de azijn. Bak gedurende 8 minuten. Voeg water en azijn toe. Laat 40 minuten sudderen. Serveer warm.

Adraki Murgh

(gember kip)

Voor 4 personen

Ingrediënten

2 eetlepels geraffineerde plantaardige olie

2 grote uien, fijngehakt

2 eetlepels gemberpasta

½ theelepel knoflookpasta

½ theelepel kurkuma

1 eetlepel garam masala

1 tomaat, fijngehakt

1 kg kip, in 12 stukken gesneden

Zout naar smaak

Methode

- Verhit de olie in een pan. Voeg de ui, gemberpasta en knoflookpasta toe en bak 1-2 minuten op middelhoog vuur.
- Voeg alle overige ingrediënten toe en bak 5-6 minuten.
- Grill het mengsel gedurende 40 minuten en serveer warm.

Bharva Murgh

(Gevulde kip)

Voor 4 personen

Ingrediënten

½ theelepel gemberpasta

½ theelepel knoflookpasta

1 theelepel tamarindepasta

1 kg kip

75 g ghee

2 grote uien, fijngehakt

Zout naar smaak

3 grote aardappelen, in stukjes gesneden

2 theelepels gemalen koriander

1 theelepel gemalen komijn

1 theelepel mosterdpoeder

50 g gehakte korianderblaadjes

2 kruidnagels

2,5 cm kaneel

Methode

- Meng gember-, knoflook- en tamarindepasta. Marineer de kip met het mengsel gedurende 3 uur. Aan de kant zetten.
- Verhit de ghee in een pan en bak de ui goudbruin. Voeg alle overige ingrediënten toe, behalve de gemarineerde kip. Bak gedurende 6 minuten.
- Vul dit mengsel in de gemarineerde kip. Bak in de oven op 190°C (375°F, gasstand 5) gedurende 45 minuten. Serveer warm.

Malaidar Murgh

(Kip gekookt in romige saus)

Voor 4 personen

Ingrediënten

4 eetlepels geraffineerde plantaardige olie

2 grote uien, fijngehakt

theelepel gemalen kruidnagel

Zout naar smaak

1 kg kip, in 12 stukken gesneden

250 ml water

3 tomaten, fijngehakt

125 g yoghurt, opgeklopt

500 ml vloeibare crème

2 eetlepels cashewnoten, gemalen

10 g korianderblaadjes, gehakt

Methode

- Verhit de olie in een pan. Voeg ui, kruidnagel en zout toe. Bak op middelhoog vuur gedurende 3 minuten. Voeg de kip toe en bak 7-8 minuten.
- Voeg water en tomaten toe. Bak gedurende 30 minuten.
- Voeg yoghurt, room en cashewnoten toe. Laat 10 minuten sudderen.
- Garneer met korianderblaadjes en serveer warm.

Bombay-kipcurry

Voor 4 personen

Ingrediënten

8 eetlepels geraffineerde plantaardige olie

1 kg kip, in 12 stukken gesneden

2 grote uien, in plakjes gesneden

1 theelepel gemberpasta

1 theelepel knoflookpasta

4 kruidnagels, gemalen

2,5 cm gemalen kaneel

1 theelepel gemalen komijn

Zout naar smaak

2 tomaten, fijngehakt

500 ml water

Methode

- Verhit de helft van de olie in een pan. Voeg de kip toe en bak op middelhoog vuur gedurende 5 tot 6 minuten. Aan de kant zetten.
- Verhit de resterende olie in een pan. Voeg ui, gemberpasta en knoflookpasta toe en bak op middelhoog vuur tot de ui bruin is. Voeg de rest van de ingrediënten toe, behalve het water en de kip. Bruin gedurende 5 tot 6 minuten.
- Voeg gebakken kip en water toe. Laat 30 minuten sudderen en serveer warm.

Kip Durbari

(Kip in rijke saus)

Voor 4 personen

Ingrediënten

150 g chana dhal*

Zout naar smaak

1 liter/1¾ pinten water

2,5 cm gemberwortel

10 teentjes knoflook

4 rode paprika's

3 eetlepels ghee

2 grote uien, fijngehakt

½ theelepel kurkuma

2 eetlepels garam masala

½ eetlepel maanzaad

2 tomaten, fijngehakt

1 kg kip, in 10-12 stukken gesneden

2 theelepels tamarindepasta

20 cashewnoten, gemalen

250 ml water

250 ml kokosmelk

Methode

- Meng de dhal met zout en de helft van het water. Kook in een pan op middelhoog vuur gedurende 45 minuten. Maal tot een pasta met gember, knoflook en rode peper.
- Verhit ghee in een pan. Voeg ui, dhal-mengsel en kurkuma toe. Bak op middelhoog vuur gedurende 3-4 minuten. Voeg alle overige ingrediënten toe.
- Meng goed en laat 40 minuten sudderen, af en toe roeren. Serveer warm.

Gebraden eend

Voor 4 personen

Ingrediënten

3 eetlepels moutazijn

2 eetlepels gemalen koriander

½ theelepel gemalen zwarte peper

Zout naar smaak

1 kg eend, in 8 stukken gesneden

60 ml geraffineerde plantaardige olie

2 kleine uien

1 liter heet water

Methode

- Meng de azijn met gemalen koriander, peper en zout. Marineer de eend met dit mengsel gedurende 1 uur.
- Verhit de olie in een pan. Fruit de ui op middelhoog vuur tot hij bruin is.
- Voeg water, zout en eend toe. Laat 45 minuten sudderen en serveer warm.

Koriander en knoflookkip

Voor 4 personen

Ingrediënten

4 eetlepels geraffineerde plantaardige olie

5 cm kaneel

3 groene kardemompeulen

4 kruidnagels

2 laurierblaadjes

3 grote uien, fijngehakt

10 teentjes knoflook, fijngehakt

1 theelepel gemberpasta

3 tomaten, fijngehakt

1 grote kip, gehakt

250 ml water

150 g korianderblaadjes, gehakt

Zout naar smaak

Methode

- Verhit de olie in een pan. Voeg kaneel, kardemom, kruidnagel, laurier, ui, knoflook en gemberpasta toe. Bak 2-3 minuten.
- Voeg alle overige ingrediënten toe. Laat 40 minuten sudderen en serveer warm.

Eend Masala

Voor 4 personen

Ingrediënten

30 g ghee plus 1 eetlepel om te frituren

1 grote ui, in dunne plakjes gesneden

1 theelepel gemberpasta

1 theelepel knoflookpasta

1 theelepel gemalen koriander

½ theelepel gemalen zwarte peper

1 theelepel kurkuma

1 kg eend, in 12 stukken gesneden

1 eetlepel moutazijn

Zout naar smaak

5 cm kaneel

3 kruidnagels

1 theelepel mosterdzaad

Methode

- Verhit 30 g ghee in een pan. Voeg ui, gemberpasta, knoflookpasta, koriander, peper en kurkuma toe. Bak gedurende 6 minuten.
- Voeg de eend toe. Bak op middelhoog vuur gedurende 5 minuten. Voeg azijn en zout toe. Meng goed en laat 40 minuten sudderen. Aan de kant zetten.
- Verhit de rest van de ghee in een pan en voeg de kaneel, kruidnagel en mosterdzaad toe. Laat ze 15 seconden spugen. Giet het over het eendenmengsel en serveer warm.

Kip met mosterd

Voor 4 personen

Ingrediënten

2 grote tomaten, fijngehakt

10 g muntblaadjes, fijngehakt

30 g gehakte korianderblaadjes

2,5 cm gemberwortel, geschild

8 teentjes knoflook

3 eetlepels mosterdolie

2 theelepels mosterdzaad

½ theelepel fenegriekzaden

1 kg kip, in 12 stukken gesneden

500 ml lauw water

Zout naar smaak

Methode

- Maal tomaten, muntblaadjes, korianderblaadjes, gember en knoflook tot een gladde pasta. Aan de kant zetten.
- Verhit de olie in een pan. Voeg mosterdzaad en fenegriekzaad toe. Laat ze 15 seconden spugen.
- Voeg de tomatenpuree toe en bak 2-3 minuten op middelhoog vuur. Voeg kip, water en zout toe. Meng goed en laat 40 minuten sudderen. Serveer warm.

Murgh Lassanwallah

(Knoflook Kip)

Voor 4 personen

Ingrediënten

Yoghurt 400 g/14 oz

3 theelepels knoflookpasta

1½ theelepel garam masala

Zout naar smaak

750 g kip zonder bot, in 12 stukken gesneden

1 eetlepel geraffineerde plantaardige olie

1 theelepel komijnzaad

25 g/kleine dilleblaadjes

500 ml melk

1 eetlepel gemalen zwarte peper

Methode

- Meng yoghurt, knoflookpasta, garam masala en zout door elkaar. Marineer de kip met dit mengsel gedurende 10-12 uur.
- Verwarm de olie. Voeg de komijn toe en laat 15 seconden sputteren. Voeg de gemarineerde kip toe en bak op middelhoog vuur gedurende 20 minuten.
- Voeg dilleblaadjes, melk en peper toe. Laat 15 minuten sudderen. Serveer warm.

Peper Kip Chettinad

(Zuid-Indiase kip met peperkorrels)

Voor 4 personen

Ingrediënten

2½ eetlepel geraffineerde plantaardige olie

10 curryblaadjes

3 grote uien, fijngehakt

1 theelepel gemberpasta

1 theelepel knoflookpasta

½ theelepel kurkuma

2 tomaten, fijngehakt

½ theelepel gemalen venkelzaad

theelepel gemalen kruidnagel

500 ml water

1 kg kip, in 12 stukken gesneden

Zout naar smaak

1½ theelepel grofgemalen zwarte peper

Methode

- Verhit de olie in een pan. Voeg curryblaadjes, ui, gemberpasta en knoflookpasta toe. Bak op middelhoog vuur gedurende één minuut.
- Voeg alle overige ingrediënten toe. Laat 40 minuten sudderen en serveer warm.

Gehakte kip met ei

Voor 4 personen

Ingrediënten

3 eetlepels geraffineerde plantaardige olie

4 eieren, hardgekookt en in plakjes gesneden

2 grote uien, fijngehakt

2 theelepels gemberpasta

2 theelepels knoflookpasta

2 tomaten, fijngehakt

1 theelepel gemalen komijn

2 theelepels gemalen koriander

½ theelepel kurkuma

8-10 curryblaadjes

1 theelepel garam masala

750 g kip, versnipperd

Zout naar smaak

360 ml water

Methode

- Verhit de olie in een pan. Voeg de eieren toe. Kook gedurende 2 minuten en zet opzij.
- Voeg ui, gemberpasta en knoflookpasta toe in dezelfde olie. Bak op middelhoog vuur gedurende 2-3 minuten.
- Voeg alle overige ingrediënten toe, behalve water. Meng goed en kook gedurende 5 minuten. Voeg water toe. Laat 30 minuten sudderen.
- Garneer met de eieren. Serveer warm.

Droge kip

Voor 4 personen

Ingrediënten

1 kg kip, in 12 stukken gesneden

6 eetlepels geraffineerde plantaardige olie

3 grote uien, in dunne plakjes gesneden

Voor de augurk:

8 rode paprika's

1 eetlepel sesamzaadjes

1 eetlepel korianderzaad

1 theelepel garam masala

4 groene kardemompeulen

10 teentjes knoflook

3,5 cm gemberwortel

6 eetlepels moutazijn

Zout naar smaak

Methode

- Maal alle ingrediënten voor de marinade samen tot een gladde pasta. Marineer de kip met deze pasta gedurende 3 uur.
- Verhit de olie in een pan. Fruit de ui op laag vuur tot hij bruin is. Voeg de kip toe en kook gedurende 40 minuten, onder regelmatig roeren. Serveer warm.

Viskebab

Voor 4 personen

Ingrediënten

1 kg zwaardvis, zonder vel en gefileerd

4 eetlepels geraffineerde plantaardige olie plus een beetje meer om te frituren

75 g chana dhal*, gedrenkt in 250 ml water gedurende 30 minuten

3 kruidnagels

½ theelepel komijnzaad

2,5 cm gemberwortel, geraspt

10 teentjes knoflook

2,5 cm kaneel

2 zwarte kardemompeulen

8 zwarte peperkorrels

4 gedroogde rode paprika's

theelepel kurkuma

1 eetlepel Griekse yoghurt

1 theelepel zwarte komijnzaad

Voor de vulling:

2 gedroogde vijgen, fijngehakt

4 gedroogde abrikozen, fijngehakt

Sap van 1 citroen

10 g muntblaadjes, fijngehakt

10 g korianderblaadjes, fijngehakt

Zout naar smaak

Methode

- Stoom de vis op middelhoog vuur gedurende 10 minuten. Aan de kant zetten.

- Verhit 2 eetlepels olie in een pan. Giet de dhal af en bak op middelhoog vuur goudbruin.

- Meng dhal met kruidnagel, komijn, gember, knoflook, kaneel, kardemom, peperkorrels, rode chili, kurkuma, yoghurt en zwarte komijn. Maal dit mengsel met voldoende water tot een gladde pasta. Aan de kant zetten.

- Verhit 2 eetlepels olie in een pan. Voeg deze pasta toe en kook deze op middelhoog vuur gedurende 4-5 minuten.

- Voeg de gestoomde vis toe. Meng goed en roer gedurende 2 minuten.

- Verdeel het mengsel in 8 porties en vorm er pasteitjes van. Aan de kant zetten.

- Meng alle ingrediënten voor de vulling door elkaar. Verdeel in 8 porties.

- Maak de pasteitjes plat en plaats voorzichtig een beetje vulling op elk pasteitje. Sluit als een zak en rol opnieuw tot een bal. Maak de balletjes plat.

- Verhit de frituurolie in een koekenpan. Voeg de pasteitjes toe en kook op middelhoog vuur goudbruin. Ga terug en herhaal.

- Laat uitlekken op keukenpapier en serveer warm.

Viskoteletten

Voor 4 personen

Ingrediënten

500 g zeebaarsstaart, zonder vel en gefileerd

500 ml water

Zout naar smaak

1 eetlepel geraffineerde plantaardige olie plus een beetje meer om te frituren

1 eetlepel gemberpasta

1 eetlepel knoflookpasta

1 grote ui, fijn geraspt

4 groene pepers, geraspt

½ theelepel kurkuma

1 theelepel garam masala

1 theelepel gemalen komijn

1 theelepel chilipoeder

1 tomaat, geblancheerd en in plakjes gesneden

25 g/kleine korianderblaadjes, fijngehakt

2 eetlepels muntblaadjes, fijngehakt

400 g gekookte erwten

2 sneetjes brood geweekt in water en uitgelekt

50 g paneermeel

Methode

- Doe de vis met het water in een pot. Voeg zout toe en kook op middelhoog vuur gedurende 20 minuten. Giet af en zet opzij.

- Verhit voor de vulling 1 eetlepel olie in een pan. Voeg gemberpasta, knoflookpasta en ui toe. Bak op middelhoog vuur gedurende 2-3 minuten.

- Voeg groene pepers, kurkuma, garam masala, gemalen komijn en chilipoeder toe. Bak gedurende één minuut.

- Voeg de tomaat toe. Bak 3-4 minuten.

- Voeg korianderblaadjes, muntblaadjes, erwten en sneetjes brood toe. Goed mengen. Kook op laag vuur gedurende 7 tot 8 minuten, af en toe roeren. Haal van het vuur en kneed het mengsel goed. Verdeel het in 8 gelijke porties en zet apart.

- Pureer de gekookte vis en verdeel deze in 8 porties.

- Vorm elk deel van de vis in een kopje en vul het met een deel van het vulmengsel. Sluit als een zak, rol tot een bal en vorm als een kotelet. Herhaal dit voor de resterende stukken vis en het vulmengsel.

- Verhit de frituurolie in een koekenpan. Rol de koteletten door paneermeel en bak ze op middelhoog vuur goudbruin. Serveer warm.

Soocha vis

(gedroogde vis met kruiden)

Voor 4 personen

Ingrediënten

1 cm gemberwortel

10 teentjes knoflook

1 eetlepel korianderblaadjes, fijngehakt

3 groene paprika's

1 theelepel kurkuma

3 theelepels chilipoeder

Zout naar smaak

1 kg zwaardvis, zonder vel en gefileerd

50 g gedroogde kokosnoot

6-7 kokum*, 1 uur geweekt in 120 ml water

4 eetlepels geraffineerde plantaardige olie

60 ml water

Methode

- Meng gember, knoflook, korianderblaadjes, groene pepers, kurkuma, chilipoeder en zout door elkaar. Maal dit mengsel tot een gladde pasta.

- Marineer de vis met het beslag gedurende 1 uur.

- Verwarm een pan. Voeg kokosnoot toe. Droog bakken op middelhoog vuur gedurende één minuut.

- Gooi de kokumbessen weg en voeg het kokumwater toe. Goed mengen. Haal van het vuur en voeg dit mengsel toe aan de gemarineerde vis.

- Verhit de olie in een pan. Voeg het vismengsel toe en bak op middelhoog vuur gedurende 4-5 minuten.

- Voeg water toe. Goed mengen. Dek af met een deksel en laat 20 minuten sudderen, af en toe roeren.

- Serveer warm.

Mahya Kalia

(Vis met kokos, sesamzaad en pinda's)

Voor 4 personen

Ingrediënten

100 g verse kokosnoot, geraspt

1 theelepel sesamzaadjes

1 eetlepel pinda's

1 eetlepel tamarindepasta

1 theelepel kurkuma

1 theelepel gemalen koriander

Zout naar smaak

250 ml water

500 g zwaardvisfilets

1 eetlepel gehakte korianderblaadjes

Methode

- Droog de kokosnoot, sesamzaadjes en pinda's samen. Meng met tamarindepasta, kurkuma, gemalen koriander en zout. Maal met voldoende water tot een gladde pasta.

- Kook dit mengsel met het resterende water in een pan op middelhoog vuur gedurende 10 minuten, onder regelmatig roeren. Voeg de visfilets toe en laat 10-12 minuten koken. Garneer met korianderblaadjes en serveer warm.

Garnalencurry Rosachi

(garnalen gekookt met kokos)

Voor 4 personen

Ingrediënten

200 g verse kokosnoot, geraspt

5 rode paprika's

1½ theelepel korianderzaad

1½ theelepel maanzaad

1 theelepel komijnzaad

½ theelepel kurkuma

6 teentjes knoflook

120 ml geraffineerde plantaardige olie

2 grote uien, fijngehakt

2 tomaten, fijngehakt

250 g garnalen, gepeld en geraspt

Zout naar smaak

Methode

- Maal de kokosnoot, chilipeper, koriander, maanzaad, komijn, kurkuma en knoflook met voldoende water tot een gladde pasta. Aan de kant zetten.

- Verhit de olie in een pan. Fruit de ui op laag vuur tot hij bruin is.

- Voeg rode peperpasta toe aan gemalen kokosnoot, tomaten, garnalen en zout. Goed mengen. Kook gedurende 15 minuten, af en toe roerend. Serveer warm.

Vis met dadels en amandelen

Voor 4 personen

Ingrediënten

4 forellen, elk 250 g, verticaal gesneden

½ theelepel chilipoeder

1 theelepel gemberpasta

250 g verse dadels zonder zaden, geblancheerd en fijngehakt

75 g amandelen, geblancheerd en fijngehakt

2-3 eetlepels gestoomde rijst (zie<u>hier</u>)

1 theelepel suiker

¼ theelepel gemalen kaneel

½ theelepel gemalen zwarte peper

Zout naar smaak

1 grote ui, in dunne plakjes gesneden

Methode

- Marineer de vis met chilipoeder en gemberpasta gedurende 1 uur.

- Meng dadels, amandelen, rijst, suiker, kaneel, peper en zout door elkaar. Kneed tot een zacht deeg. Aan de kant zetten.

- Vul de dadel-amandelmassa in de openingen van de gemarineerde vis. Leg de gevulde vis op een vel aluminiumfolie en strooi de ui erover.

- Wikkel de vis en de ui in de folie en sluit de randen goed af.

- Bak op 200°C (400°F, gasstand 6) gedurende 15-20 minuten. Haal de folie eraf en bak de vis nog 5 minuten. Serveer warm.

Tandoori-vis

Voor 4 personen

Ingrediënten

1 theelepel gemberpasta

1 theelepel knoflookpasta

½ theelepel garam masala

1 theelepel chilipoeder

1 eetlepel citroensap

Zout naar smaak

500 g breiflabstaartfilets

1 eetlepel chaat masala*

Methode

- Meng gemberpasta, knoflookpasta, garam masala, chilipoeder, citroensap en zout.

- Maak sneden in de vis. Marineer met het gember-knoflookmengsel gedurende 2 uur.

- Grill de vis gedurende 15 minuten. Strooi er de chaat masala over. Serveer warm.

Vis met groenten

Voor 4 personen

Ingrediënten

750 g zalmfilets, zonder vel

½ theelepel kurkuma

Zout naar smaak

2 eetlepels mosterdolie

theelepel mosterdzaad

theelepel venkelzaad

theelepel uienzaad

theelepel fenegriekzaden

theelepel komijnzaad

2 laurierblaadjes

2 droge rode pepers, gehalveerd

1 grote ui, in dunne plakjes gesneden

2 grote groene pepers, in de lengte gesneden

½ theelepel suiker

125 g erwten uit blik

1 grote aardappel, in reepjes gesneden

2-3 kleine aubergines, fijngehakt

250 ml water

Methode

- Marineer de vis met kurkuma en zout gedurende 30 minuten.

- Verhit de olie in een pan. Voeg de gemarineerde vis toe en bak op middelhoog vuur gedurende 4 tot 5 minuten, af en toe draaiend. Giet af en zet opzij.

- Voeg aan dezelfde olie de mosterd, venkel, ui, fenegriek en komijn toe. Laat ze 15 seconden spugen.

- Voeg laurierblad en rode peper toe. Kook gedurende 30 seconden.

- Voeg ui en groene paprika toe. Bak op middelhoog vuur tot de ui bruin wordt.

- Voeg suiker, erwten, aardappel en aubergines toe. Goed mengen. Bak het mengsel 7-8 minuten.

- Voeg gebakken vis en water toe. Goed mengen. Dek af met een deksel en laat 12-15 minuten sudderen, af en toe roeren.

- Serveer warm.

Tandoor Gulnar

(Forel gekookt in Tandoor)

Voor 4 personen

Ingrediënten

4 forellen, elk 250 g

Boter om te strijken

Voor de eerste marinade:

120 ml moutazijn

2 eetlepels citroensap

2 theelepels knoflookpasta

½ theelepel chilipoeder

Zout naar smaak

Voor de tweede marinade:

Yoghurt 400 g/14 oz

1 ei

1 theelepel knoflookpasta

2 theelepels gemberpasta

120 ml verse vloeibare room

180 g/6½ oz besan*

Garnalen met groene masala

Voor 4 personen

Ingrediënten

1 cm gemberwortel

8 teentjes knoflook

3 groene pepers, in de lengte gesneden

50 g gehakte korianderblaadjes

1½ eetlepel geraffineerde plantaardige olie

2 grote uien, fijngehakt

2 tomaten, fijngehakt

500 g grote garnalen, gepeld en geraspt

1 theelepel tamarindepasta

Zout naar smaak

½ theelepel kurkuma

Methode

- Maal gember, knoflook, chilipeper en korianderblaadjes samen. Aan de kant zetten.
- Verhit de olie in een pan. Fruit de ui op laag vuur tot hij bruin is.
- Voeg gember-knoflookpasta en tomaten toe. Kook gedurende 4-5 minuten.
- Voeg garnalen, tamarindepasta, zout en kurkuma toe. Goed mengen. Kook gedurende 15 minuten, af en toe roerend. Serveer warm.

Vis kotelet

Voor 4 personen

Ingrediënten

2 eieren

1 eetlepel gewone witte bloem

Zout naar smaak

400 g John Dory, zonder vel en gefileerd

500 ml water

2 grote aardappelen, gekookt en gepureerd

1½ theelepel garam masala

1 grote ui, geraspt

1 theelepel gemberpasta

Geraffineerde plantaardige olie om te frituren

200 g broodkruim

Methode

- Klop de eieren los met bloem en zout. Aan de kant zetten.
- Kook de vis in gezouten water in een pan op middelhoog vuur gedurende 15-20 minuten. Giet af en kneed samen met aardappelen, garam masala, ui, gemberpasta en zout tot een zacht deeg.
- Verdeel in 16 porties, rol er balletjes van en druk ze lichtjes plat tot koteletten.
- Verhit olie in een pan. Doop de koteletten in het losgeklopte ei, rol ze door paneermeel en bak ze op laag vuur goudbruin. Serveer warm.

Parsi Fish Sas

(Vis gekookt in witte saus)

Voor 4 personen

Ingrediënten

1 eetlepel rijstmeel

1 eetlepel suiker

60 ml moutazijn

2 eetlepels geraffineerde plantaardige olie

2 grote uien, in dunne plakjes gesneden

½ theelepel gemberpasta

½ theelepel knoflookpasta

1 theelepel gemalen komijn

Zout naar smaak

250 ml water

8 tongfilets met citroen

2 eieren, losgeklopt

Methode

- Maal rijstmeel met suiker en azijn tot een pasta. Aan de kant zetten.
- Verhit de olie in een pan. Fruit de ui op laag vuur tot hij bruin is.
- Voeg gemberpasta, knoflookpasta, gemalen komijn, zout, water en vis toe. Kook op laag vuur gedurende 25 minuten, af en toe roerend.
- Voeg het bloemmengsel toe en kook gedurende één minuut.
- Voeg de eieren voorzichtig toe. Roer gedurende één minuut. Garneer en serveer warm.

Peshawari Machhi

Voor 4 personen

Ingrediënten

3 eetlepels geraffineerde plantaardige olie

1 kg zalm, in steaks gesneden

2,5 cm gemberwortel, geraspt

8 geperste teentjes knoflook

2 grote uien, gehakt

3 tomaten, geblancheerd en gehakt

1 theelepel garam masala

Yoghurt 400 g/14 oz

theelepel kurkuma

1 theelepel amchoor*

Zout naar smaak

Methode

- Verwarm de olie. Bak de vis op laag vuur goudbruin. Giet af en zet opzij.

- Voeg gember, knoflook en ui toe aan dezelfde olie. Kook op laag vuur gedurende 6 minuten. Voeg de gebakken vis en alle overige ingrediënten toe. Goed mengen.
- Laat 20 minuten sudderen en serveer warm.

krab-curry

Voor 4 personen

Ingrediënten

4 middelgrote krabben, schoongemaakt (zie kooktechnieken)

Zout naar smaak

1 theelepel kurkuma

½ kokosnoot, geraspt

6 teentjes knoflook

4-5 rode paprika's

1 eetlepel korianderzaad

1 eetlepel komijnzaad

1 theelepel tamarindepasta

3-4 groene pepers, in de lengte gesneden

1 eetlepel geraffineerde plantaardige olie

1 grote ui, fijngehakt

Methode

- Marineer de krabben met zout en kurkuma gedurende 30 minuten.
- Maal alle overige ingrediënten, behalve olie en ui, met voldoende water tot een gladde pasta.
- Verhit de olie in een pan. Bak de gemalen pasta en de ui op laag vuur tot de ui bruin is. Voeg een beetje water toe. Laat 7 tot 8 minuten sudderen, af en toe roeren. Voeg de gemarineerde krabben toe. Meng goed en laat 5 minuten sudderen. Serveer warm.

mosterd vis

Voor 4 personen

Ingrediënten

8 eetlepels mosterdolie

4 forellen, elk 250 g

2 theelepels gemalen komijn

2 theelepel gemalen mosterd

1 theelepel gemalen koriander

½ theelepel kurkuma

120 ml water

Zout naar smaak

Methode

- Verhit de olie in een pan. Voeg de vis toe en bak op middelhoog vuur gedurende 1-2 minuten. Draai de vis om en herhaal. Giet af en zet opzij.
- Voeg aan dezelfde olie gemalen komijn, mosterd en koriander toe. Laat ze 15 seconden spugen.
- Voeg kurkuma, water, zout en gebakken vis toe. Meng goed en laat 10-12 minuten sudderen. Serveer warm.

Meen Vattichathu

(Roodvis gekookt met kruiden)

Voor 4 personen

Ingrediënten

600 g zwaardvis, zonder vel en gefileerd

½ theelepel kurkuma

Zout naar smaak

3 eetlepels geraffineerde plantaardige olie

½ theelepel mosterdzaad

½ theelepel fenegriekzaden

8 curryblaadjes

2 grote uien, in dunne plakjes gesneden

8 teentjes knoflook, fijngehakt

5 cm gember, in dunne plakjes gesneden

6 kokum*

Methode

- Marineer de vis met kurkuma en zout gedurende 2 uur.
- Verhit de olie in een pan. Voeg mosterd- en fenegriekzaad toe. Laat ze 15 seconden spugen. Voeg alle overige ingrediënten en de gemarineerde vis toe. Bak op laag vuur gedurende 15 minuten. Serveer warm.

Doi Maach

(Vis gekookt in yoghurt)

Voor 4 personen

Ingrediënten

4 forellen, geschild en gefileerd

2 eetlepels geraffineerde plantaardige olie

2 laurierblaadjes

1 grote ui, fijngehakt

2 theelepels suiker

Zout naar smaak

200 g yoghurt

Voor de augurk:

3 kruidnagels

stukje kaneel van 5 cm

3 groene kardemompeulen

5 cm gemberwortel

1 grote ui, in dunne plakjes gesneden

1 theelepel kurkuma

Zout naar smaak

Methode

- Maal alle ingrediënten voor de marinade door elkaar. Marineer de vis met dit mengsel gedurende 30 minuten.
- Verhit de olie in een pan. Voeg laurierblad en ui toe. Bak op laag vuur gedurende 3 minuten. Voeg suiker, zout en gemarineerde vis toe. Goed mengen.
- Bruin gedurende 10 minuten. Voeg de yoghurt toe en kook 8 minuten. Serveer warm.

Gefrituurde vis

Voor 4 personen

Ingrediënten

6 eetlepels besan*

2 theelepels garam masala

1 theelepel amchoor*

1 theelepel ajwain-zaden

1 theelepel gemberpasta

1 theelepel knoflookpasta

Zout naar smaak

675 g zeebaarsstaart, zonder vel en gefileerd

Geraffineerde plantaardige olie om te frituren

Methode

- Meng alle ingrediënten, behalve vis en olie, met voldoende water tot een dikke pasta. Marineer de vis met deze pasta gedurende 4 uur.
- Verhit de olie in een pan. Voeg de vis toe en bak op middelhoog vuur gedurende 4-5 minuten. Draai en kook opnieuw gedurende 2-3 minuten. Serveer warm.

Machher-kotelet

Voor 4 personen

Ingrediënten

500 g zalm, zonder vel en gefileerd

Zout naar smaak

500 ml water

250 g aardappelen, gekookt en gepureerd

200 ml mosterdolie

2 grote uien, fijngehakt

½ theelepel gemberpasta

½ theelepel knoflookpasta

1½ theelepel garam masala

1 losgeklopt ei

200 g broodkruim

Geraffineerde plantaardige olie om te frituren

Methode

- Doe de vis met zout en water in een pot. Kook op middelhoog vuur gedurende 15 minuten. Giet af en pureer samen met de aardappelen. Aan de kant zetten.
- Verhit de olie in een pan. Voeg de ui toe en bak op middelhoog vuur tot hij bruin is. Voeg het vismengsel

en alle overige ingrediënten toe, behalve de eieren en het paneermeel. Meng goed en kook op laag vuur gedurende 10 minuten.

- Laat afkoelen en verdeel in balletjes ter grootte van een citroen. Maak het plat en vorm er koteletten van.
- Verhit de frituurolie in een koekenpan. Doop de koteletten in het ei, rol ze door paneermeel en bak ze op middelhoog vuur goudbruin. Serveer warm.

Goan zwaardvis

(Zwaardvis gekookt in Goan-stijl)

Voor 4 personen

Ingrediënten

50 g verse kokosnoot, geraspt

1 theelepel korianderzaad

1 theelepel komijnzaad

1 theelepel maanzaad

4 teentjes knoflook

1 eetlepel tamarindepasta

250 ml water

Geraffineerde plantaardige olie om te frituren

1 grote ui, fijngehakt

1 eetlepel kokum*

Zout naar smaak

½ theelepel kurkuma

4 zwaardvissteaks

Methode

- Maal kokosnoot, korianderzaad, komijn, maanzaad, knoflook en tamarindepasta samen met voldoende water tot een gladde pasta. Aan de kant zetten.
- Verhit de olie in een pan. Voeg de ui toe en bak op middelhoog vuur tot hij bruin is.
- Voeg het gemalen deeg toe en bak 2 minuten. Voeg de resterende ingrediënten toe. Meng goed en laat 15 minuten sudderen. Serveer warm.

Gedroogde vismasala

Voor 4 personen

Ingrediënten

6 zalmfilets

¼ verse kokosnoot, geraspt

7 rode paprika's

1 eetlepel kurkuma

Zout naar smaak

Methode

- Grill de visfilets gedurende 20 minuten. Aan de kant zetten.
- Maal de overige ingrediënten samen tot een gladde pasta.
- Meng met de vis. Kook het mengsel in een pan op laag vuur gedurende 15 minuten. Serveer warm.

Madras-garnalencurry

Voor 4 personen

Ingrediënten

3 eetlepels geraffineerde plantaardige olie

3 grote uien, fijngehakt

12 teentjes knoflook, fijngehakt

3 tomaten, geblancheerd en gehakt

½ theelepel kurkuma

Zout naar smaak

1 theelepel chilipoeder

2 eetlepels tamarindepasta

750 g middelgrote garnalen, gepeld en geraspt

4 eetlepels kokosmelk

Methode

- Verhit de olie in een pan. Voeg de ui en knoflook toe en bak op middelhoog vuur gedurende één minuut. Voeg tomaten, kurkuma, zout, chilipoeder, tamarindepasta en garnalen toe. Meng goed en kook 7-8 minuten.
- Voeg de kokosmelk toe. Laat 10 minuten sudderen en serveer warm.

Vis met fenegriek

Voor 4 personen

Ingrediënten

8 eetlepels geraffineerde plantaardige olie

500 g zalm, gefileerd

1 eetlepel knoflookpasta

75 g verse fenegriekblaadjes, fijngehakt

4 tomaten, fijngehakt

2 theelepels gemalen koriander

1 theelepel gemalen komijn

1 theelepel citroensap

Zout naar smaak

1 theelepel kurkuma

75 g warm water

Methode

- Verhit 4 eetlepels olie in een pan. Voeg de vis toe en bak op middelhoog vuur aan beide kanten bruin. Giet af en zet opzij.
- Verhit 4 eetlepels olie in een pan. Voeg de knoflookpasta toe. Bak op laag vuur gedurende één minuut. Voeg de rest van de ingrediënten toe, behalve het water. Bak gedurende 4-5 minuten.
- Voeg water en gebakken vis toe. Goed mengen. Dek af met een deksel en laat 10-15 minuten sudderen, af en toe roeren. Serveer warm.

Karimeen Porichathu

(Visfilet in Masala)

Voor 4 personen

Ingrediënten

1 theelepel chilipoeder

1 eetlepel gemalen koriander

1 theelepel kurkuma

1 theelepel gemberpasta

2 groene pepers, fijngehakt

Sap van 1 citroen

8 curryblaadjes

Zout naar smaak

8 zalmfilets

Geraffineerde plantaardige olie om te frituren

Methode

- Meng alle ingrediënten behalve vis en olie.
- Marineer de vis met dit mengsel en zet 2 uur in de koelkast.
- Verhit de olie in een pan. Voeg de stukjes vis toe en bak op middelhoog vuur goudbruin.
- Serveer warm.

Reuze adelaars

Voor 4 personen

Ingrediënten

500 g grote garnalen, gepeld en geraspt

1 theelepel kurkuma

½ theelepel chilipoeder

Zout naar smaak

3 eetlepels geraffineerde plantaardige olie

1 grote ui, fijngehakt

½ inch/1 cm gemberwortel, fijngehakt

10 teentjes knoflook, fijngehakt

2-3 groene pepers, in de lengte gesneden

½ theelepel suiker

250 ml kokosmelk

1 eetlepel korianderblaadjes, fijngehakt

Methode

- Marineer de garnalen met kurkuma, chilipoeder en zout gedurende 1 uur.
- Verhit de olie in een pan. Voeg ui, gember, knoflook en groene chili toe en bak 2-3 minuten op middelhoog vuur.
- Voeg suiker, zout en gemarineerde garnalen toe. Meng goed en laat 10 minuten sudderen. Voeg de kokosmelk toe. Laat 15 minuten sudderen.
- Garneer met korianderblaadjes en serveer warm.

Gemarineerde vis

Voor 4 personen

Ingrediënten

Geraffineerde plantaardige olie om te frituren

1 kg zwaardvis, zonder vel en gefileerd

1 theelepel kurkuma

12 gedroogde rode paprika's

1 eetlepel komijnzaad

5 cm gemberwortel

15 teentjes knoflook

250 ml moutazijn

Zout naar smaak

Methode

- Verhit de olie in een pan. Voeg de vis toe en bak op middelhoog vuur gedurende 2-3 minuten. Draai en kook gedurende 1-2 minuten. Aan de kant zetten.
- Maal de overige ingrediënten samen tot een gladde pasta.
- Kook het deeg in een pan op laag vuur gedurende 10 minuten. Voeg de vis toe, kook 3-4 minuten, koel af en

bewaar in een pot in de koelkast gedurende maximaal 1 week.

Viskom curry

Voor 4 personen

Ingrediënten

500 g zalm, zonder vel en gefileerd

Zout naar smaak

750 ml/1¼ pint water

1 grote ui

3 theelepels garam masala

½ theelepel kurkuma

3 eetlepels geraffineerde plantaardige olie plus een beetje meer om te frituren

5 cm gemberwortel, geraspt

5 teentjes knoflook, geperst

250 g tomaten, geblancheerd en in blokjes gesneden

2 eetlepels yoghurt, opgeklopt

Methode

- Kook de vis met een beetje zout en 500 ml water op middelhoog vuur gedurende 20 minuten. Giet af en maal samen met ui, zout, 1 theelepel garam masala en kurkuma tot een glad mengsel. Verdeel in 12 bollen.
- Verhit de olie om te frituren. Voeg de balletjes toe en bak ze op middelhoog vuur goudbruin. Giet af en zet opzij.
- Verhit 3 eetlepels olie in een pan. Voeg alle resterende ingrediënten, het resterende water en de visballetjes toe. Laat 10 minuten sudderen en serveer warm.

Amritsari-vis

(Hete pikante vis)

Voor 4 personen

Ingrediënten

200 g yoghurt

½ theelepel gemberpasta

½ theelepel knoflookpasta

Sap van 1 citroen

½ theelepel garam masala

Zout naar smaak

675 g zeebaarsstaart, zonder vel en gefileerd

Methode

- Meng alle ingrediënten behalve de vis. Marineer de vis met dit mengsel gedurende 1 uur.
- Grill de gemarineerde vis gedurende 7-8 minuten. Serveer warm.

masala gebakken garnalen

Voor 4 personen

Ingrediënten

4 teentjes knoflook

5 cm gember

2 el verse kokosnoot, geraspt

2 gedroogde rode paprika's

1 eetlepel korianderzaad

1 theelepel kurkuma

Zout naar smaak

120 ml water

750 g garnalen, gepeld en geraspt

3 eetlepels geraffineerde plantaardige olie

3 grote uien, fijngehakt

2 tomaten, fijngehakt

2 eetlepels gehakte korianderblaadjes

1 theelepel garam masala

Methode

- Maal de knoflook, gember, kokosnoot, chilipeper, korianderzaad, kurkuma en zout met voldoende water tot een gladde pasta.
- Marineer de garnalen een uur met deze pasta.
- Verhit de olie in een pan. Voeg de ui toe en bak op middelhoog vuur tot hij glazig is.
- Voeg tomaten en gemarineerde garnalen toe. Goed mengen. Voeg het water toe, dek af met een deksel en laat 20 minuten sudderen.
- Garneer met korianderblaadjes en garam masala. Serveer warm.

Vis gegarneerd met lekker

Voor 4 personen

Ingrediënten

2 eetlepels citroensap

Zout naar smaak

Gemalen zwarte peper naar smaak

4 zwaardvissteaks

2 eetlepels boter

1 grote ui, fijngehakt

1 groene paprika, zonder zaadjes en fijngehakt

3 gepelde en gehakte tomaten

50 g paneermeel

85 g cheddarkaas, geraspt

Methode

- Strooi citroensap, zout en peper over de vis. Aan de kant zetten.
- Verhit de boter in een pan. Voeg ui en groene paprika toe. Bak op middelhoog vuur gedurende 2-3 minuten. Voeg tomaten, paneermeel en kaas toe. Bak gedurende 4-5 minuten.
- Verdeel dit mengsel gelijkmatig over de vis. Wikkel het in folie en bak het gedurende 30 minuten op 200°C (400°F, gasstand 6). Serveer warm.

Pasanda garnalen

(Garnalen bereid met yoghurt en azijn)

Voor 4 personen

Ingrediënten

250 g garnalen, gepeld en geraspt

Zout naar smaak

1 theelepel gemalen zwarte peper

2 theelepels moutazijn

2 theelepels geraffineerde plantaardige olie

1 eetlepel knoflookpasta

2 grote uien, fijngehakt

2 tomaten, fijngehakt

2 lente-uitjes, fijngehakt

1 theelepel garam masala

250 ml water

4 eetlepels Griekse yoghurt

Methode

- Marineer de garnalen met zout, peper en azijn gedurende 30 minuten.
- Grill de garnalen gedurende 5 minuten. Aan de kant zetten.
- Verhit de olie in een pan. Voeg knoflookpasta en ui toe. Bak op middelhoog vuur gedurende één minuut. Voeg de tomaten, lente-uitjes en garam masala toe. Bruin gedurende 4 minuten. Voeg gegrilde garnalen en water toe. Kook op laag vuur gedurende 15 minuten. Voeg de yoghurt toe. Roer gedurende 5 minuten. Serveer warm.

Zwaardvis rechaido

(Zwaardvis gekookt in Goan-saus)

Voor 4 personen

Ingrediënten

4 rode paprika's

6 teentjes knoflook

2,5 cm gemberwortel

½ theelepel kurkuma

1 grote ui

1 theelepel tamarindepasta

1 theelepel komijnzaad

1 eetlepel suiker

Zout naar smaak

120 ml moutazijn

1kg/2¼lb zwaardvis, schoongemaakt

Geraffineerde plantaardige olie om te frituren

Methode
- Maal alle ingrediënten samen, behalve de vis en de olie.
- Maak insnijdingen in de zwaardvis en marineer met het gemalen mengsel. Vul grote hoeveelheden van het mengsel in de openingen. Zet 1 uur apart.
- Verhit de olie in een pan. Voeg de gemarineerde vis toe en bak 2-3 minuten op laag vuur. Ga terug en herhaal. Serveer warm.

Teekha Jhinga

(Hete garnalen)

Voor 4 personen

Ingrediënten

4 eetlepels geraffineerde plantaardige olie

1 theelepel venkelzaad

2 grote uien, fijngehakt

2 theelepels gemberpasta

2 theelepels knoflookpasta

Zout naar smaak

½ theelepel kurkuma

3 eetlepels garam masala

25 g gedroogde kokosnoot

60 ml water

1 eetlepel citroensap

500 g garnalen, gepeld en geraspt

Methode

- Verhit de olie in een pan. Voeg de venkelzaadjes toe. Laat ze 15 seconden spugen. Voeg ui, gemberpasta en knoflookpasta toe. Bak op middelhoog vuur gedurende één minuut.
- Voeg de rest van de ingrediënten toe, behalve de garnalen. Bruin gedurende 7 minuten.
- Voeg de garnalen toe en kook gedurende 15 minuten, terwijl u regelmatig roert. Serveer warm.

Garnalen Balchow

(Goan Way gekookte garnalen)

Voor 4 personen

Ingrediënten

750 g garnalen, gepeld en geraspt

250 ml moutazijn

8 teentjes knoflook

2 grote uien, fijngehakt

1 eetlepel gemalen komijn

theelepel kurkuma

Zout naar smaak

120 ml geraffineerde plantaardige olie

50 g gehakte korianderblaadjes

Methode

- Marineer de garnalen gedurende 2 uur met 4 eetlepels azijn.
- Maal de resterende azijn met de knoflook, ui, gemalen komijn, kurkuma en zout tot een gladde pasta. Aan de kant zetten.
- Verhit de olie in een pan. Bak de garnalen op laag vuur gedurende 12 minuten.
- Voeg de pasta toe. Meng goed en kook op laag vuur gedurende 15 minuten.
- Garneer met korianderblaadjes. Serveer warm.

Bhujna-garnalen

(gedroogde garnalen met kokos en ui)

Voor 4 personen

Ingrediënten

50 g verse kokosnoot, geraspt

2 grote uien

6 rode paprika's

5 cm gemberwortel, geraspt

1 theelepel knoflookpasta

4 eetlepels geraffineerde plantaardige olie

5 droge kokum*

theelepel kurkuma

750 g garnalen, gepeld en geraspt

250 ml water

Zout naar smaak

Methode

- Maal de kokosnoot, ui, rode peper, gember en knoflookpasta samen.
- Verhit de olie in een pan. Voeg de pasta met kokum en kurkuma toe. Kook op laag vuur gedurende 5 minuten.
- Voeg garnalen, water en zout toe. Laat 20 minuten sudderen, vaak roerend. Serveer warm.

Chingdi Macher Malai

(kokosgarnalen)

Voor 4 personen

Ingrediënten

2 grote uien, geraspt

2 eetlepels gemberpasta

100 g verse kokosnoot, geraspt

4 eetlepels geraffineerde plantaardige olie

500 g garnalen, gepeld en geraspt

1 theelepel kurkuma

1 theelepel gemalen komijn

4 tomaten, fijngehakt

1 theelepel suiker

1 theelepel ghee

2 kruidnagels

2,5 cm kaneel

2 groene kardemompeulen

3 laurierblaadjes

Zout naar smaak

4 grote aardappelen in blokjes gesneden en gebakken

250 ml water

Methode

- Maal de ui, gemberpasta en kokosnoot tot een gladde pasta. Aan de kant zetten.
- Verhit de olie in een pan. Voeg de garnalen toe en bak 5 minuten op middelhoog vuur. Giet af en zet opzij.
- Voeg aan dezelfde olie de gemalen pasta en alle overige ingrediënten toe, behalve het water. Bak gedurende 6-7 minuten. Voeg gebakken garnalen en water toe. Meng goed en laat 10 minuten sudderen. Serveer warm.

Sorse Bata-vis

(Vis in mosterdpasta)

Voor 4 personen

Ingrediënten

4 eetlepels mosterdzaad

7 groene paprika's

2 eetlepels water

½ theelepel kurkuma

5 eetlepels mosterdolie

Zout naar smaak

1 kg citroentong, geschild en gefileerd

Methode

- Maal alle ingrediënten, behalve de vis, met voldoende water tot een gladde pasta. Marineer de vis met dit mengsel gedurende 1 uur.
- Stoom gedurende 25 minuten. Serveer warm.

Vissen stoofpot

Voor 4 personen

Ingrediënten

1 eetlepel geraffineerde plantaardige olie

2 kruidnagels

2,5 cm kaneel

3 laurierblaadjes

5 zwarte peperkorrels

1 theelepel knoflookpasta

1 theelepel gemberpasta

2 grote uien, fijngehakt

400 g gemengde diepvriesgroenten

Zout naar smaak

250 ml lauw water

500 g tongfilets

1 eetlepel gewone witte bloem, opgelost in 60 ml melk

Methode

- Verhit de olie in een pan. Voeg kruidnagel, kaneel, laurierblaadjes en peperkorrels toe. Laat ze 15 seconden spugen. Voeg knoflookpasta, gemberpasta en ui toe. Bak op middelhoog vuur gedurende 2-3 minuten.
- Voeg groenten, zout en water toe. Meng goed en laat 10 minuten sudderen.
- Voeg voorzichtig het vis-meelmengsel toe. Goed mengen. Kook op middelhoog vuur gedurende 10 minuten. Serveer warm.

Jhinga Nissa

(Yoghurt garnalen)

Voor 4 personen

Ingrediënten

1 eetlepel citroensap

1 theelepel gemberpasta

1 theelepel knoflookpasta

1 theelepel sesamzaadjes

200 g yoghurt

2 groene pepers, fijngehakt

½ theelepel gedroogde fenegriekbladeren

½ theelepel gemalen kruidnagel

½ theelepel gemalen kaneel

½ theelepel gemalen zwarte peper

Zout naar smaak

12 grote garnalen, gepeld en verwijderd

Methode

- Combineer alle ingrediënten behalve garnalen. Marineer de garnalen een uur met dit mengsel.
- Leg de gemarineerde garnalen op spiesjes en gril ze 15 minuten. Serveer warm.

Inktvis Vindaloo

(Octopus gekookt in een pittige Goan-saus)

Voor 4 personen

Ingrediënten

8 eetlepels moutazijn

8 rode paprika's

3,5 cm gemberwortel

20 teentjes knoflook

1 theelepel mosterdzaad

1 theelepel komijnzaad

1 theelepel kurkuma

Zout naar smaak

6 eetlepels geraffineerde plantaardige olie

3 grote uien, fijngehakt

500 g calamares 2 oz, in plakjes gesneden

Methode

- Maal de helft van de azijn met rode chilipeper, gember, knoflook, mosterdzaad, komijn, kurkuma en zout tot een gladde pasta. Aan de kant zetten.
- Verhit de olie in een pan. Fruit de ui op laag vuur tot hij bruin is.
- Voeg het gemalen deeg toe. Meng goed en laat 5-6 minuten sudderen.
- Voeg de calamares en de rest van de azijn toe. Kook op laag vuur gedurende 15-20 minuten, af en toe roeren. Serveer warm.

Kreeft Balchow

(pikante kreeft gekookt in Goan curry)

Voor 4 personen

Ingrediënten

400 g kreeftenvlees, gehakt

Zout naar smaak

½ theelepel kurkuma

60 ml moutazijn

1 theelepel suiker

120 ml geraffineerde plantaardige olie

2 grote uien, fijngehakt

12 teentjes knoflook, fijngehakt

1 theelepel garam masala

1 eetlepel gehakte korianderblaadjes

Methode

- Marineer de kreeft met zout, kurkuma, azijn en suiker gedurende 1 uur.
- Verhit de olie in een pan. Voeg ui en knoflook toe. Bak op laag vuur gedurende 2-3 minuten. Voeg gemarineerde kreeft en garam masala toe. Kook op laag vuur gedurende 15 minuten, af en toe roeren.
- Garneer met korianderblaadjes. Serveer warm.

Aubergine garnalen

Voor 4 personen

Ingrediënten

4 eetlepels geraffineerde plantaardige olie

6 zwarte peperkorrels

3 groene paprika's

4 kruidnagels

6 teentjes knoflook

1 cm gemberwortel

2 eetlepels gehakte korianderblaadjes

1½ eetl gedroogde kokosnoot

2 grote uien, fijngehakt

500 g aubergine, gehakt

250 g garnalen, gepeld en geraspt

½ theelepel kurkuma

1 theelepel tamarindepasta

Zout naar smaak

10 cashewnoten

120 ml water

Methode

- Verhit 1 eetlepel olie in een pan. Voeg peperkorrels, groene pepers, kruidnagel, knoflook, gember, korianderblaadjes en kokosnoot toe op middelhoog vuur gedurende 2-3 minuten. Maal het mengsel tot een gladde pasta. Aan de kant zetten.
- Verhit de resterende olie in een pan. Voeg de ui toe en bak op middelhoog vuur gedurende één minuut. Voeg aubergine, garnalen en kurkuma toe. Bak gedurende 5 minuten.
- Voeg gemalen deeg en alle overige ingrediënten toe. Meng goed en laat het 10-15 minuten sudderen. Serveer warm.

Groene garnalen

Voor 4 personen

Ingrediënten

Sap van 1 citroen

50 g muntblaadjes

50 g korianderblaadjes

4 groene paprika's

2,5 cm gemberwortel

8 teentjes knoflook

Een snufje garam masala

Zout naar smaak

20 middelgrote garnalen, gepeld en verwijderd

Methode

- Maal alle ingrediënten, behalve de garnalen, tot een gladde pasta. Marineer de garnalen met dit mengsel gedurende 1 uur.
- Drie garnalen. Grill gedurende 10 minuten, af en toe keren. Serveer warm.

Vis met koriander

Voor 4 personen

Ingrediënten

3 eetlepels geraffineerde plantaardige olie

1 grote ui, fijngehakt

4 groene pepers, fijngehakt

1 eetlepel gemberpasta

1 eetlepel knoflookpasta

1 theelepel kurkuma

Zout naar smaak

100 g korianderblaadjes, gehakt

1 kg zalm, zonder vel en gefileerd

250 ml water

Methode

- Verhit de olie in een pan. Fruit de ui op laag vuur tot hij bruin is.
- Voeg alle overige ingrediënten toe, behalve vis en water. Bak 3-4 minuten. Voeg de vis toe en bak 3-4 minuten.
- Voeg water toe. Meng goed en laat 10-12 minuten sudderen. Serveer warm.

Maleisische vis

(Vis gekookt in romige saus)

Voor 4 personen

Ingrediënten

8 fl oz/250 ml geraffineerde plantaardige olie

Zeebaarsfilets 1 kg/2¼lb

1 eetlepel gewone witte bloem

1 grote ui, geraspt

½ theelepel kurkuma

250 ml kokosmelk

Zout naar smaak

Voor de kruidenmix:

1 theelepel korianderzaad

1 theelepel komijnzaad

4 groene paprika's

6 teentjes knoflook

6 eetlepels water

Methode

- Maal de ingrediënten voor het kruidenmengsel fijn. Knijp het mengsel uit om het sap in een kleine kom te extraheren. Zet het sap opzij. Gooi de peul weg.
- Verhit de olie in een pan. Bedek de vis met bloem en bak op middelhoog vuur goudbruin. Giet af en zet opzij.
- Voeg de ui toe aan dezelfde olie en bak op middelhoog vuur tot hij bruin is.
- Voeg het sap van het kruidenmengsel en alle overige ingrediënten toe. Goed mengen.
- Laat 10 minuten sudderen. Voeg de vis toe en kook gedurende 5 minuten. Serveer warm.

Konkani viscurry

Voor 4 personen

Ingrediënten

1 kg zalm, zonder vel en gefileerd

Zout naar smaak

1 theelepel kurkuma

1 theelepel chilipoeder

2 eetlepels geraffineerde plantaardige olie

1 grote ui, fijngehakt

½ theelepel gemberpasta

750 ml/1¼ pint kokosmelk

3 groene pepers, in de lengte gesneden

Methode

- Marineer de vis met zout, kurkuma en chilipoeder gedurende 30 minuten.
- Verhit de olie in een pan. Voeg ui en gemberpasta toe. Bak op middelhoog vuur tot de ui transparant wordt.
- Voeg kokosmelk, groene pepers en gemarineerde vis toe. Goed mengen. Laat 15 minuten sudderen. Serveer warm.

Pittige knoflookgarnalen

Voor 4 personen

Ingrediënten

4 eetlepels geraffineerde plantaardige olie

2 grote uien, fijngehakt

1 eetlepel knoflookpasta

12 teentjes knoflook, fijngehakt

1 theelepel chilipoeder

1 theelepel gemalen koriander

½ theelepel gemalen komijn

2 tomaten, fijngehakt

Zout naar smaak

1 theelepel kurkuma

750 g garnalen, gepeld en geraspt

250 ml water

Methode

- Verhit de olie in een pan. Voeg ui, knoflookpasta en fijngehakte knoflook toe. Bak op middelhoog vuur tot de ui transparant wordt.
- Voeg de rest van de ingrediënten toe, behalve de garnalen en het water. Bak 3-4 minuten. Voeg de garnalen toe en bak 3-4 minuten.
- Voeg water toe. Meng goed en laat 12-15 minuten sudderen. Serveer warm.

eenvoudige viscurry

Voor 4 personen

Ingrediënten

2 grote uien, in vieren gesneden

3 kruidnagels

2,5 cm kaneel

4 zwarte peperkorrels

2 theelepel korianderzaad

1 theelepel komijnzaad

1 tomaat, in vieren

Zout naar smaak

2 eetlepels geraffineerde plantaardige olie

750 g zalm, zonder vel en gefileerd

250 ml water

Methode

- Maal alle ingrediënten samen, behalve olie, vis en water. Verhit de olie in een pan. Voeg de pasta toe en bak op laag vuur gedurende 7 minuten.
- Vis en water toevoegen. Kook gedurende 25 minuten, vaak roerend. Serveer warm.

Goan viscurry

Voor 4 personen

Ingrediënten

100 g verse kokosnoot, geraspt

4 gedroogde rode paprika's

1 theelepel komijnzaad

1 theelepel korianderzaad

360 ml water

3 eetlepels geraffineerde plantaardige olie

1 grote ui, geraspt

1 theelepel kurkuma

8 curryblaadjes

2 tomaten, geblancheerd en gehakt

2 groene pepers, in de lengte gesneden

1 eetlepel tamarindepasta

Zout naar smaak

1 kg zalm, in plakjes gesneden

Methode

- Maal de kokosnoot, chilipeper, komijn en korianderzaad met 4 eetlepels water tot een dikke pasta. Aan de kant zetten.
- Verhit de olie in een pan. Fruit de ui op laag vuur tot hij transparant is.
- Voeg de kokospasta toe. Bak 3-4 minuten.
- Voeg alle overige ingrediënten toe, behalve de vis en de rest van het water. Bruin gedurende 6-7 minuten. Vis en water toevoegen. Meng goed en laat 20 minuten sudderen, af en toe roeren. Serveer warm.

Garnalen Vindaloo

(Garnalen gekookt in pittige Goan-curry)

Voor 4 personen

Ingrediënten

   3 eetlepels geraffineerde plantaardige olie

   1 grote ui, geraspt

   4 tomaten, fijngehakt

   1½ theelepel chilipoeder

   ½ theelepel kurkuma

   2 theelepels gemalen komijn

   750 g garnalen, gepeld en geraspt

   3 eetlepels witte azijn

   1 theelepel suiker

   Zout naar smaak

Methode

- Verhit de olie in een pan. Voeg de ui toe en bak op middelhoog vuur gedurende 1-2 minuten. Voeg tomaten, chilipoeder, kurkuma en komijn toe. Meng goed en kook 6 tot 7 minuten, af en toe roeren.
- Voeg de garnalen toe en meng goed. Kook op laag vuur gedurende 10 minuten.
- Voeg azijn, suiker en zout toe. Laat 5-7 minuten sudderen. Serveer warm.

Vis in groene masala

Voor 4 personen

Ingrediënten

750 g zwaardvis 10 gram, zonder vel en gefileerd

Zout naar smaak

1 theelepel kurkuma

50 g muntblaadjes

100 g korianderblaadjes

12 teentjes knoflook

5 cm gemberwortel

2 grote uien, in plakjes gesneden

5 cm kaneel

1 eetlepel maanzaad

3 kruidnagels

500 ml water

3 eetlepels geraffineerde plantaardige olie

Methode

- Marineer de vis met zout en kurkuma gedurende 30 minuten.
- Maal de overige ingrediënten, behalve de olie, met voldoende water tot een dikke pasta.
- Verhit de olie in een pan. Voeg het beslag toe en kook op middelhoog vuur gedurende 4-5 minuten. Voeg de gemarineerde vis en de rest van het water toe. Meng goed en laat 20 minuten sudderen, af en toe roeren. Serveer warm.

Mosselen Masala

Voor 4 personen

Ingrediënten

500 g mosselen, schoongemaakt (zie<u>kooktechnieken</u>)

Zout naar smaak

theelepel kurkuma

1 eetlepel korianderzaad

3 kruidnagels

2,5 cm kaneel

4 zwarte peperkorrels

2,5 cm gemberwortel

8 teentjes knoflook

60 g verse kokosnoot, geraspt

2 eetlepels geraffineerde plantaardige olie

1 grote ui, fijngehakt

500 ml water

Methode

- Stoom (zie<u>kooktechnieken</u>) de mosselen in een stoompan gedurende 20 minuten. Strooi er zout en kurkuma over. Aan de kant zetten.
- Maal de rest van de ingrediënten samen, behalve olie, ui en water.

- Verhit de olie in een pan. Voeg gemalen pasta en ui toe. Bak op middelhoog vuur gedurende 4 tot 5 minuten. Voeg de gestoomde mosselen toe en bak 5 minuten. Voeg water toe. Kook gedurende 10 minuten en serveer warm.

Vis Tikka

Voor 4 personen

Ingrediënten

2 theelepels gemberpasta

2 theelepels knoflookpasta

1 theelepel garam masala

1 theelepel chilipoeder

2 theelepels gemalen komijn

2 eetlepels citroensap

Zout naar smaak

Tong van 1 kg, zonder vel en gefileerd

Geraffineerde plantaardige olie voor ondiep frituren

2 eieren, losgeklopt

3 eetlepels griesmeel

Methode

- Meng gemberpasta, knoflookpasta, garam masala, chilipoeder, komijn, citroensap en zout. Marineer de vis met dit mengsel gedurende 2 uur.
- Verhit de olie in een pan. Dompel de gemarineerde vis in het ei, rol hem door het griesmeel en bak op middelhoog vuur gedurende 4-5 minuten.
- Draai en kook 2-3 minuten. Laat uitlekken op keukenpapier en serveer warm.

Aubergine gevuld met garnalen

Voor 4 personen

Ingrediënten

4 eetlepels geraffineerde plantaardige olie

1 grote ui, fijn geraspt

2 theelepels gemberpasta

2 theelepels knoflookpasta

1 theelepel kurkuma

½ theelepel garam masala

Zout naar smaak

1 theelepel tamarindepasta

180 g garnalen, gepeld en geraspt

60 ml water

8 kleine aubergines

¼ oz/10 g korianderblaadjes, gehakt, voor garnering

Methode

- Verhit voor de vulling de helft van de olie in een pan. Voeg de ui toe en bak op laag vuur tot hij bruin is. Voeg gemberpasta, knoflookpasta, kurkuma en garam masala toe. Bruin gedurende 2-3 minuten.
- Voeg zout, tamarindepasta, garnalen en water toe. Meng goed en laat 15 minuten sudderen. Het boek is gaaf.
- Maak met een mes een kruis aan het ene uiteinde van een aubergine. Snijd dieper langs het kruis en laat het andere uiteinde intact. Vul het garnalenmengsel in deze holte. Herhaal dit voor alle aubergines.
- Verhit de resterende olie in een pan. Voeg de gevulde aubergines toe. Kook op laag vuur gedurende 12 tot 15 minuten, af en toe keren. Garneer en serveer warm.

Garnalen van knoflook en kaneel

Voor 4 personen

Ingrediënten

8 fl oz/250 ml geraffineerde plantaardige olie

1 theelepel kurkuma

2 theelepels knoflookpasta

Zout naar smaak

500 g garnalen, gepeld en geraspt

2 theelepels gemalen kaneel

Methode

- Verhit de olie in een pan. Voeg kurkuma, knoflookpasta en zout toe. Bak op middelhoog vuur gedurende 2 minuten. Voeg de garnalen toe en kook gedurende 15 minuten.
- Voeg kaneel toe. Kook gedurende 2 minuten en serveer warm.

Gestoomde tong met mosterd

Voor 4 personen

Ingrediënten

1 theelepel gemberpasta

1 theelepel knoflookpasta

¼ theelepel rode chilipasta

2 theelepels Engelse mosterd

2 theelepels citroensap

1 theelepel mosterdolie

Zout naar smaak

1 kg citroentong, geschild en gefileerd

25 g/kleine korianderblaadjes, fijngehakt

Methode

- Meng alle ingrediënten, behalve de vis en korianderblaadjes. Marineer de vis met dit mengsel gedurende 30 minuten.
- Leg de vis in een diepe schaal. Stoom (zie<u>kooktechnieken</u>) in een stomer gedurende 15 minuten. Garneer met korianderblaadjes en serveer warm.

www.ingramcontent.com/pod-product-compliance
Lightning Source LLC
Chambersburg PA
CBHW071854110526
44591CB00011B/1407